숨은 권력, 미디어

미래생각발전소 12 숨은 권력, 미디어

초판 1쇄 발행 2017년 4월 10일
초판 14쇄 발행 2024년 2월 5일

글쓴이 김재중 | **그린이** 이경국
펴낸이 김민지 | **펴낸곳** 미래M&B
등록 1993년 1월 8일(제10-772호)
주소 04030 서울시 마포구 동교로 134(서교동 464-41) 미진빌딩 2층
전화 02-562-1800 | **팩스** 02-562-1885
전자우편 mirae@miraemnb.com | **홈페이지** www.miraei.com
블로그 blog.naver.com/miraeibooks | **인스타그램** @mirae_ibooks
ISBN 978-89-8394-818-2 74300 | ISBN 978-89-8394-550-1 (세트)

글 ⓒ 김재중, 2017 그림 ⓒ 이경국, 2017
사진 ⓒ 게티이미지

*잘못 만들어진 책은 구입처에서 바꾸어 드립니다.
*이 책은 저작권법에 따라 한국 내에서 보호받는 저작물이므로 무단 전재와 복제를 금합니다.

아이의 미래를 여는 힘, **미래 i 아이**는 미래M&B가 만든 유아·아동 도서 브랜드입니다.

숨은 권력, 미디어

김재중 글 | 이경국 그림

미래i아이

머리말

'미디어'는 사람들이 정보를 전달할 때 사용하는 매체입니다. 미디어, 매체라는 말 자체가 정보를 보내는 사람(발신자)과 받는 사람(수신자) 사이에 있다는 뜻이지요. 미디어는 인류가 말을 하고 글을 쓰기 시작한 시기로 거슬러 올라갈 정도로 역사가 아주 길어요. 음성과 문자, 영상은 가장 기본적인 형태의 미디어에 해당하지요. 음성과 문자, 그리고 영상을 전달하는 방식은 무궁무진하답니다.

옆자리에 앉아 있는 친구에게 지우개를 빌리는 경우를 한번 생각해 볼까요? 친구에게 "지우개 좀 빌려 줘."라고 말하면 되지요. 이때 내가 보내는, '지우개가 필요하다.'라는 정보를 친구에게 전달해 주는 것은 무엇일까요? 바로 말이지요. 사람이 하는 말을 '음성 미디어'라고 해요. 수업 시간이라 친구에게 직접 말하기 곤란한 상황이라면 공책 한 귀퉁이에 '지우개 좀 빌려 줘.'라고 적어서 보여 주면 되겠지요. 이 경우 음성 대신 '문자 미디어'가 의사소통에 사용된 거예요.

수신자가 바로 옆에 있다면 말이나 쪽지로 정보를 전달하는 데 문제가 없어요. 그런데 수신자가 수십, 수백 킬로미터 떨어져 있다면 아무리 크게 고함을 질러도 의사를 전달할 수 없을 거예요. 또 수신자가 한 명이 아니라 수천, 수만 명인 경우는 어떨까요? 이처럼 조금만 생각해 보면 정보를 보내고 받는 일이 간단치 않다는 것을 알 수 있습니다.

인류의 역사는 정보와 지식을 얼마나 정확하고 빠르게, 그리고 멀리 전달하느냐에 대해 궁리하고 효율적인 미디어를 개발해 온 과정이라 볼 수 있어요. '정보는 힘이다.'라는 말을 들어 본 적이 있을 거예요. 실제로 빠르고 정확하고 멀리 갈 수 있는 미디어를 발명한 민족이나 국가는 강대국인 경우가 많았고, 풍부한 문화적 유산을 남겼답니다. 책과 신문, 잡지 같은 활자 미디어, 전신과 라디오 같은 통신 미디어, 영화와 텔레비전 같은 영상 미디어가 발명돼 지식과 정보의 효율적인 전달을 가능하게 해 주었고 인류의 삶을 풍부하게 만들었지요.

미디어의 세계에서는 끊임없는 변화와 혁신이 일어나고 있었지만 지난 세기 말에 본격적으로 활용되기 시작한 인터넷은 과거와는 비교할 수 없을 정도로 큰 변화를 가져왔습니다. 인터넷의 도입으로 정보 전달 속도가 엄청나게 빨라졌고, 이론상 무한대의 수신자에게 정보를 보낼 수 있게 되었지요. 비용도 저렴해졌고요.

지난 세기를 주름 잡았던 전통적 미디어들은 대부분 정보가 발신자에서 수신자로 움직이는 일방향 구조였지만 인터넷 덕분에 쌍방향 소통이 가능해졌어요. 인터넷은 신문과 방송, 라디오 같은 전통적 미디어 사이의 벽을 허물었습니다. 미디어간 융합과 통합의 새로운 시대가 열린 것이지요.

인터넷의 도입은 미디어 변혁의 시작이었어요. 인터넷은 최근까지만 해도 통신선이 연결된 컴퓨터에서만 사용할 수 있었지요. 공간의 한계가 있다는 얘기지요. 무선으로 인터넷을 사용할 수 있긴 했지만 기기의 가격과 이용료가 비싸서 적은 수의 사람들만 사용할 수 있었답니다. 2000년대 들어와 휴대 전화로 인터넷을 쓸 수 있도록 하는 기술이 비약적으로 발전했고, 이런 기술에 힘입어 '스마트 미디어'라는 기기가 만들어졌습니다.

언제 어디서나 인터넷을 사용할 수 있게 해 준 스마트 미디어의 파급력은 대단했어요. 정보를 주고받는 사람들 사이의 물리적인 장벽이 거의 사라진 셈이지요. 스마트 미디어라는 새로운 도구가 등장하자 이 도구를 가지고 뉴스와 정보를 습득하고, 공통의 관심사를 가진 사람들과 의견을 전달하고, 흥밋거리를 즐길 수 있게 해 주는 새로운 미디어들이 쏟아졌습니다. 전통적인 뉴스 공급자와 소비자 사이의 장벽도 낮아져서 이제는 누구나 뉴스를 만들고 사람들에게 보낼 수 있게 되었어요. 이 밖에도 사람들이 상상할 수 있는 거의 모든 미디어 형태들이 실험되고 구현되고 있답니다. 바야흐로 '스마트 혁명'의 시대가 열린 것이지요. 스마트 혁명은 아직도 진행 중이며, '빅데이터'의 등장으로 새로운 단계로 접어들고 있어요.

스마트 미디어는 이처럼 편리한 도구이기 때문에 빠른 속도로 우리의 삶에 자리 잡아 가고 있습니다. 스마트 미디어를 제대로 사용하면 10~20년 전 사람들이 전혀 상상하지도 못한 것들을 할 수 있어요. 그러나 스마트 미디어가 드리우는 그림자도 작지 않아요. 삶에서 스마트 미디어가 차지하는 비중이 커질수록 인간 사회에 존재하는 각종 문제들이 스마트 미디어가 만들어 낸 세계에도 그대로 나타나고 있기 때문이에요. 그중엔 정보 격차나 소외 같은 구조적인 문제도 있지만 미디어 중독이나 사이버 폭력, 사생활 침해 등 사람들의 건강을 해치거나, 심할 경우 목숨을 위태롭게 만드는 문제도 있습니다.

스마트 미디어를 제대로 이해하거나 사용하지 못하면 시대에 뒤처질 뿐더러 손해를 감수해야 해요. 스마트 미디어를 가지고 타인에게 해를 입히거나, 반대로 피해자가 되지 않기 위해서라도 제대로 사용하는 법을 알아야 해요. 이미 스마트폰을 사용하고 있는 친구들도 많을 거예요. 이 손바닥만 한 기계가 여러분의 손안에 들어오기까지 어떤 일이 있었고, 여러분이 손가락으로 터치하는 화면 너머에서 어떤 일이 벌어지고 있으며, 앞으로 어떤 일이 벌어질지 궁금하지 않나요?

김재중

머리말 … 4

Chapter 1 미디어가 생겨나다

미디어란 무엇일까? … 14
미디어는 어떻게 생겨났을까? … 16
인간과 동물의 차이 … 19
인간 삶의 지각 변동, 미디어의 빅뱅 … 22
생각발전소 지혜의 인간, 호모 사피엔스 … 26

Chapter 2 미디어의 발달

원시 미디어 … 32
문자 미디어의 발명 … 36
지식의 축적이 가능해지다 … 41
신문과 잡지, 전신 및 전화의 등장 … 46
라디오와 텔레비전의 등장 … 50
생각발전소 지구촌의 형성 … 54

Chapter 3 미디어와 우리 사회

뉴스는 어떻게 만들어질까? … 60
뉴스를 구성하는 것들 – 육하원칙 … 63
뉴스의 기본 원칙 – 객관성 … 65
뉴스는 어떤 관점에서 만들어지나 – 공정성과 프레임 … 67
뉴스의 분류 … 70
미디어와 정치 … 73
미디어와 경제 … 77
미디어와 사회 … 80
미디어와 문화 … 83
생각발전소 인터넷과 맞춤 광고 … 88

Chapter 4 뉴미디어가 생겨나다

뉴미디어란 무엇일까 … 94
인터넷의 개념과 역사 … 95
　　인터넷의 시초 | 인터넷의 개념 | 인터넷의 특징
인터넷이 가져온 뉴스 미디어 세계의 변화 … 103
　　뉴스 생산과 소비의 변화 | 뉴스 소비자에서 생산자로
스마트 미디어라는 신세계의 등장 … 108
　　스마트 미디어는 무엇인가? | 스마트 미디어가 바꿔 놓은 우리의 일상
생각발전소 4차 산업 혁명 시대의 미디어 … 116

Chapter 5 착한 미디어와 나쁜 미디어

미디어 유토피아 … 122
　　지식의 문턱이 낮아지다 | 공론의 장 확대 | 사회적 유대의 확장
미디어 디스토피아 … 130
　　미디어 중독 | 너무 많은 정보와 거짓 정보 | 사생활 침해와 사이버 폭력
생각발전소 인터넷 언어, 세대 간 소통을 단절시키다 … 140

Chapter 6 미디어의 지혜로운 사용법

미디어를 지혜롭게 써야 하는 이유 … 146
미디어 사용 시간의 제한 … 147
신호와 소음의 구분 … 151
온라인 소통의 예절 … 155
생각발전소 스마트폰과 청소년기의 뇌 구조 … 158

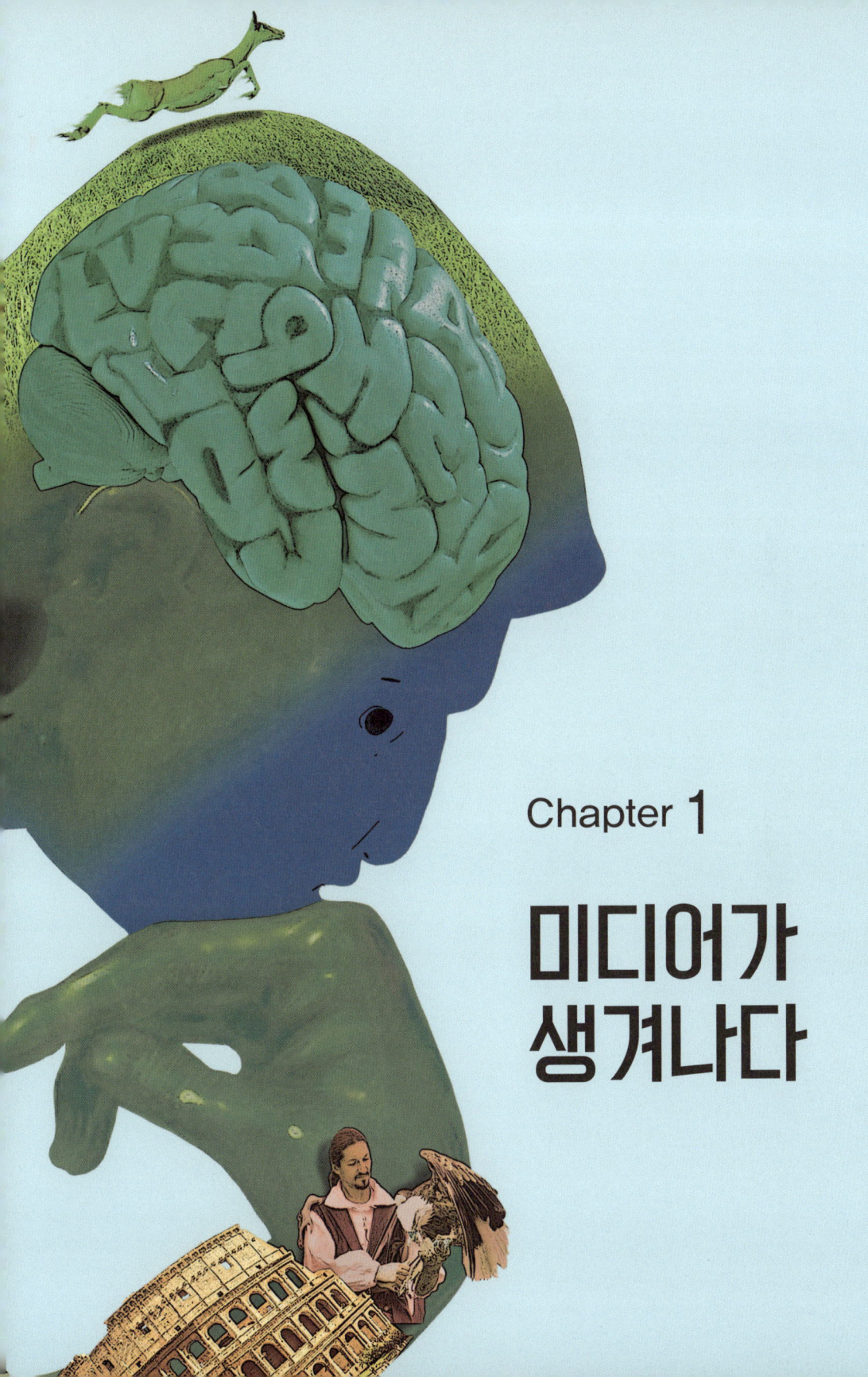

Chapter 1

미디어가 생겨나다

미디어란 무엇일까?

학교에 가지 않아도 되는 휴일, 아침에 일어나면 여러분은 어떤 일을 하나요? 아마도 휴대 전화가 있는 사람은 휴대 전화를 먼저 들여다볼 가능성이 높겠지요? 밤새 누군가가 나에게 메시지를 보내지는 않았는지 확인을 해야 하고, 오늘 날씨가 어떨지도 알아봐야 하니까요. 함께 놀기로 약속한 친구에게 잊지 말라고 전화를 걸거나 문자 메시지를 보낼지도 모르겠네요. 거실에 나가 텔레비전을 켤 수도 있고요, 간밤에 한참 재미있게 읽다가

밤이 너무 늦어 덮어 두었던 만화책을 다시 펼치는 친구도 있을 거예요.

모두 다 우리에겐 익숙한 모습이에요. 이런 행동에는 공통점이 있어요. 누군가로부터 어떤 정보 또는 메시지를 받거나 보낸다는 거지요. **이렇게 정보와 메시지를 전달해 주는 통로를 '미디어(media)'라고 해요.** 영어 단어인 미디어는 원래 '중간, 수단, 매개물'이라는 뜻을 가진 '미디엄(medium)'이라는 단어의 복수형이에요. 미디어를 뜻하는 한자어인 '매체(媒體)' 역시 '중간을 이어 주는 것'이라는 뜻이에요.

사람이 다른 사람에게 어떤 의사를 전달하기 위한 가장 기본적인 수단은 말과 표정, 몸짓이에요. 아직 말을 배우지 못한 어린아이는 울음소리로 자신의 의사를 나타내요. 미디어는 말과 표정, 몸짓 등 기본적인 의사소통 수단을 비롯해 사람들이 다른 사람들과 정보를 주고받거나, 의사소통을 하기 위해 만들어 낸 모든 수단이나 도구를 말해요.

사람들은 아주 먼 옛날부터 효과적인 의사소통을 위한 방법들을 만들고 발전시켜 왔어요. 먼 옛날 원시인들이 동굴 벽에 그린 그림이나 문양에서부터 오늘날 우리가 주머니 속에 넣고 다니는 휴대 전화, 그리고 텔레비전, 신문, 라디오, 책과 영화에 이르기까지 다양한 미디어가 존재해요.

아침에 눈뜨자마자 미디어를 사용하는 것으로 하루를 시작하는 우리는 밤에 잠들기 전까지 미디어에 둘러싸인 채 생활합니다. 미디어는 우리의 삶에서 떼려야 뗄 수 없는 필수적인 요소랍니다.

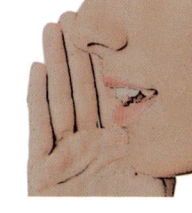

미디어는 어떻게 생겨났을까?

고대 그리스의 철학자 아리스토텔레스는 "인간은 사회적 동물이다."라는 말을 남겼어요. 인간은 혼자서는 살 수 없고 여럿이 모여 살 수밖에 없다는 뜻이에요. 예나 지금이나 사람들은 여럿이 모인 사회를 구성해 서로 돕기도 하고 경쟁하면서 살아가지요. 아리스토텔레스는 "사회생활을 하지 못하거나, 혼자로도 충분하기 때문에 사회가 필요 없는 사람은 짐승이거나 신이 틀림없다."라는 말도 했는데 이것도 비슷한 의미를 지니고 있어요.

영국 작가 대니얼 디포가 1719년 발표한 소설 『로빈슨 크루소』는 주인공 크루소가 타고 가던 배가 바다에서 난파를 당해 무인도에서 20년 넘도록 혼자 살아간다는 내용이에요. 이 소설에서는 완벽하게 고립된 채 홀로 살아가야 했던 크루소가 외로움과 고독감을 호소하면서 제발 같이 이야기할 누군가가 있으면 좋겠다고 간절히 바라는 장면이 자주 나옵니다. 로빈슨 크루소처럼 무인도에 표류해 오랫동안 혼자서 살아야 했던 사람의 이야기를 다룬 영화 〈캐스트 어웨이〉에서는 주인공이 바닷가에서 발견한 배구공에 눈, 코, 입을 그려 넣고 이름을 붙여 준 뒤 대화를 하는 장면이 나와요.

사람이 다른 사람들과 함께 모여 살기 위해선 기본적으로 필요한 것이 있어요. 다른 사람들과 이해관계를 조정할 수 있어야 하고, 그 사회가 직면한 문제들을 함께 헤쳐 나갈 수 있어야 해요. 사람은 먹고사는 문제를 해결하기 위해 협동할 다른 사람이 필요하지만, 생각하고 느낀 것들을 나누기 위해서도 다른 사람이 필요하답니다. 미국의 영문학자 존 나일스는 인간의 이런 특징을 '호모 나랜스(Homo Narrans)'라고 불렀어요. 호모 나랜스는 '이야기하는 인간'이라는 뜻이에요. 누군가에게 이야기를 하고, 누군가로부터 이야기를 듣는 것은 인간의 기본적인 특징이라는 것이지요.

사람들의 수가 적고 멀리 떨어져 있지 않다면 말과 몸짓만으로도 충분히 의사소통을 할 수 있을 거예요. 집 안에 있을 때 여러분은 다른 수단이 없어도 엄마, 아빠를 부르거나 하고 싶은 말을 할 수 있잖아요.

그렇지만 말과 몸짓은 멀리 전달되지는 못해요. 거리가 멀어지면 아무리 크게 고함을 친다 해도 정확하게 전달되지 못하지요. 몸짓도 마찬가지고요. 사회가 커지고 사람과 사람 사이의 거리가 멀어지면 말과 몸짓만으로 의사소통을 하기가 어려워질 수밖에 없답니다. **말과 몸짓 이외의 미디어가 필요한 것은 바로 이 때문입니다. 말하는 사람과 듣는 사람 사이의 공간적, 시간적 거리가 멀어지면서 의사소통을 가능하게 도와줄 장치가 필요해진 것이지요.**

1912년 4월 14일 타이태닉호가 많은 승객을 태우고 대서양을 처녀 항해하고 있었어요. 칠흑 같이 어두운 밤 11시 40분 타이태닉호는 거대한 빙산과 충돌했어요. 크게 부서진 타이태닉호에 바닷물이 밀려들기 시작했고 15일 새벽 2시 30분 바닷속으로 가라앉았지요. 이 사고로 승객과 승무원 1500여 명이 숨지고 말았어요. 그나마 700여 명이 구조될 수 있었던 것은 당시로선 최첨단 미디어인 무선 통신 장치가 타이태닉호에 설치돼 있었기 때문이에요. 사고를 당한 타이태닉호가 무선 통신으로 구조를 요청했고, 근처에서 항해 중이던 다른 배들이 달려왔어요. 무선 통신이 없었다면 타이태닉호의 침몰 사실을 알게 되기까지 며칠 또는 몇 달이 걸렸겠지만, 무선 통신 덕분에 타이태닉호 침몰 소식은 전 세계에 아주 빠르게 알려졌답니다.

거의 모든 사람들이 전화기를 손에 들고 다니는 요즘의 기준으로 생각하면 타이태닉호 사건이 빨리 알려졌다는 것이 별로 신기하지 않을지도 몰라요. 그렇지만 몸짓과 음성 이외에 의사소통을 할 수 있는 미디어가 없었던 먼 과거에 비하면 획기적인 일이었어요.

인간과 동물의 차이

동물들도 각자의 방식으로 의사소통을 합니다. 그렇지만 인간의 의사소통 방식과는 많이 달라요. 오랑우탄이나 침팬지 같은 유인원은 사람과 비슷하게 몸짓과 표정, 울음소리로 의사소통을 하는 것으로 밝혀졌어요. 개미처럼 페로몬이라는 화학 물질을 의사소통의 도구로 사용하는가 하면, 꼬리 춤으로 신호를 보내는 꿀벌 같은 동물도 있지요.

동물들은 단순하고 직설적인 정보를 본능에 의존해서 전달해요. '배가 고프다.'라거나 '천적이 다가오니 조심하라.' 등의 단순한 정보지요. 동물들의 의사소통을 연구해 온 학자들은 동물들이 여러 가지 다양한 방식으로 의사소통을 하는 것을 발견했어요. 강아지가 꼬리를 흔드는 것, 수컷 공작이 꼬리에 달린 화려한 깃털을 부채처럼 아름답게 펼쳐 보이는 것도 모두 어떤 신호를 보내기 위한 것이에요.

동물들의 의사소통은 인간의 의사소통 방식, 즉 '언어'에 비하면 양적으로나 질적으로 턱없이 부족해요. 영국의 철학자 버트런드 러셀은 "개는 자신의 생애를 말할 수 없다. 아무리 유창하게 짖는 개도 그의 부모가 가난했지만 정직했노라고 말하지 못한다."라는 말을 남겼어요. 인간과 동물의 의사소통 방식의 차이, 그리고 인간 의사소통 방식의 특징을 예를 들어 설명한 것이에요.

인간은 동물에 비해 훨씬 복잡한 내용을 주고받을 수 있어요. '지금'과 '이곳'에서 벗어나 과거 또는 미래, 그리고 먼 곳에서 일어난 일들을 설명할 수 있는 것도 인간의 의사소통만이 가진 특징이지요. '어제 저 언덕 너머 개울가에서 빨간 산딸기를 많이 따 먹었는데, 그 주위에 뱀이 많이 있기 때문에 너도 가려면 조심해야 해!'와 같은 복잡한 내용을 주고받을 수 있는 것은 인간밖에 없어요. 눈에 보이지 않는 추상적인 것, 그리고 사실이 아닌 거짓 또는 가상의 상황에 대해서 설명할 수 있는 것도 인간뿐이에요.

인간이 이렇게 복잡한 내용을 주고받을 수 있는 것은 인간의 언어가

꿀벌의 의사소통

오스트리아의 생태학자 카를 폰 프리슈(1886~1982)는 꿀벌이 추는 꼬리춤의 의미를 처음으로 밝혀냈다. 꿀이 든 꽃을 발견한 벌은 벌집에 돌아와 특이한 행동을 하는데, 동료들에게 꽃의 위치를 알려 주는 방식이다. 벌이 동그랗게 빙글빙글 돌면 꽃이 50~100미터 떨어진 곳에 있다는 뜻이다. 그보다 멀리 떨어져 있을 경우 꼬리를 흔들면서 8자 모양으로 움직인다. 꼬리를 더 자주 흔들수록 거리가 가깝다는 뜻이다. 8자 모양이 어느 쪽으로 얼마나 기울었는가는 먹이가 있는 방향을 나타낸다. 프리슈는 벌들이 이 같은 방식으로 상당히 정확한 의사소통을 할 수 있다는 것을 밝혀냈다. 그는 이 발견으로 노벨상을 받았다. 꿀벌이 꽤 복잡한 내용을 비교적 정확하게 주고받을 수 있기는 하지만 여전히 인간의 언어에는 미치지 못한다.

그만큼 정교하고 복잡하기 때문이에요. 인간의 언어는 의미를 전달하기 위한 단어들이 잘게 나뉘어 있어요. 단순한 정보들이 담긴 단어들을 조합하면 좀 더 복잡하고 추상적인 내용을 담아낼 수 있지요. 조그마한 장난감 블록들을 가지고 건물이나 비행기, 배, 우주선 같은 크고 복잡한 것들을 조립할 수 있는 것과 비슷해요.

인간 삶의 지각 변동, 미디어의 빅뱅

인간과 동물을 구분하는 기준은 여러 가지가 있지만 의사소통 능력, 즉 언어는 인간과 동물을 구분해 주는 대표적인 기준 가운데 하나예요. 그런데 인간이 처음부터 언어 능력을 가졌던 것은 아니에요. 언어가 없었을 때 인간은 다른 동물과 별로 차이가 없었어요. 인간과 유전적으로 가장 가까운 동물인 침팬지와 인간의 유전자의 차이는 2퍼센트에 불과해요. 인간과 침팬지는 유전적으로는 98퍼센트가 일치한다는 뜻이에요. 그렇지만 오늘날 인간이 생활하는 모습과 침팬지가 생활하는 모습은 하늘과 땅 차이만큼이나 커요.

인간은 언어 능력을 갖게 되면서 비로소 동물과 다른 차원의 존재로 살아갈 수 있게 됐어요. 그런데 인간이 언제, 어떻게, 어디서, 왜 언어 능력을 갖게 됐는지를 알려 주는 직접적인 증거를 찾기는 힘들어요. 그래서 다양한 가설이 존재하지요.

의사소통 능력 면에서 동물과 큰 차이가 없었던 인간은 약 7만 년 전 우연하게 유전자에 돌연변이가 일어나 이전과는 다른 방식으로 생각하고 의사소통할 수 있게 됐어요. 언어 능력을 갖게 되면서 인간이 생각하

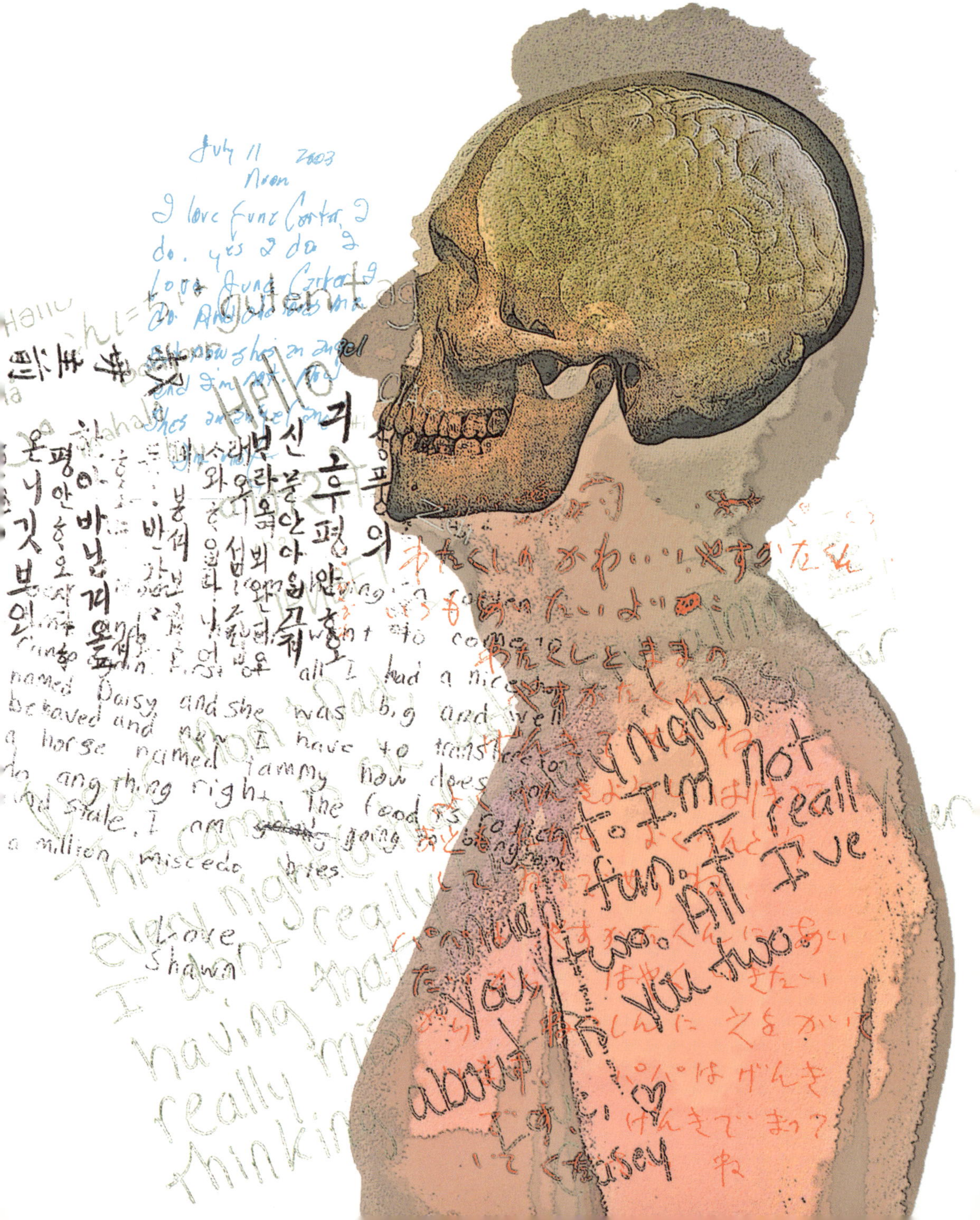

는 방식 자체가 달라졌어요. '생각하는 사람'이 탄생한 거예요.

인간이 새롭게 얻은 언어 능력은 매우 유연해서 복잡하고 복합적인 정보를 주고받을 수 있게 해 주었어요. 이처럼 유연한 언어를 가지고 인간은 스스로 진화할 수 있었지요.

언어 능력은 다른 사람들과 함께 사회를 구성해 살 수 있도록 해 준 결정적인 요인이에요. 야생에서 살아가는 침팬지는 보통 20~50마리가 무리를 이뤄 살아간다고 해요. 무리의 크기가 더 커지면 서로 싸우는 일이 잦아지고 결국엔 일부가 떨어져 나가 새로운 무리를 만드는 경우가 많아요. 다른 무리는 서로 협력하기보다는 먹이나 살아가는 영역을 두고 경쟁을 해요.

바벨탑 이야기

오늘날 전 세계에는 7000개가 넘는 언어가 존재한다. 서로 다른 언어는 국가와 민족, 부족을 구분하는 핵심적인 요소이기도 하다. 사회와 국가가 유지되기 위해선 사람들이 같은 언어로 원활하게 의사소통을 할 수 있어야 한다.

성경에는 사람들이 사용하는 언어가 각각 달라지는 과정을 보여 주는 이야기가 나온다. 아주 먼 옛날 사람들은 모두 같은 언어를 쓰고 있었다. 지혜가 쌓이고 도시가 커지자 사람들은 힘을 합쳐 하늘 끝까지 닿을 정도의 거대한 탑을 쌓기 시작했다. 그들의 위대함을 온 세상에 알리려는 것이었다. 이것을 지켜보던 하느님은 인간의 오만함이 도를 넘었다고 생각해 그들이 쓰는 말을 뒤섞어 버렸다. 서로 말이 통하지 않게 되자 사람들은 더 이상 힘을 합쳐 탑을 쌓아 올릴 수 없게 됐다.

바벨탑 이야기는 인류가 사용하는 언어가 왜 다양한지를 설명해 주는 재미있는 신화다. 그렇지만 실제로 인류의 언어가 하나에서 여러 갈래로 갈라졌는지, 원래부터 각각 따로 발생한 것인지에 대해선 학자들마다 의견이 엇갈린다.

인간은 침팬지에 비해 훨씬 더 많은 사람들이 무리를 이루어 살고 있어요. 인간은 언어가 있기에 사회 안에서 일어날 수 있는 여러 가지 갈등을 원만하게 해결할 수 있어요. 그리고 언어를 통해 사회를 유지하는 데 도움이 되는 정보들을 후손들에게 지속적으로 물려줄 수 있지요. 인간의 언어가 눈에 보이지 않는 추상적인 것, 사실이 아닌 허구를 표현할 수 있다는 것도 거대한 사회를 유지하는 데 큰 도움을 주었어요.

우리 민족은 단군을 우리의 시조로 여기고, 기독교인들은 하느님이 인간을 창조했다고 믿어요. 세계의 여러 민족은 각자의 신화를 가지고 있답니다. 동물들에겐 이러한 신화와 종교가 없어요. 오직 사람만이 경험해 보지 못한 것, 상상 속의 것들을 떠올리고 다른 사람과 공유할 능력이 있어요. 이것은 언어가 있었기에 가능했어요.

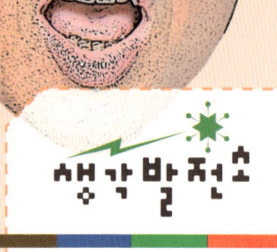

지혜의 인간, 호모 사피엔스

　인류의 진화를 표현한 마네킹이나 그림을 본 적이 있나요? 팬티도 입지 않은 사람이 네 발로 기다가, 침팬지처럼 구부정하게 서서 걷고, 점점 등이 펴지고 똑바로 걷는 모습을 나타낸 것 말이에요. 인류가 지구상에 처음 출현한 것은 약 200만 년 전이에요. 그러나 이 시절의 인류는 두 발로 서서 걷기는 했지만 지금의 우리와는 아주 다른 종족이었어요. 인간보다는 동물에 가까웠지요.

　오늘날 인류의 조상은 20만 년에서 7만 년 전쯤 나타났어요. 이들은 뇌의 크기가 요즘 우리와 크게 다르지 않았어요. 스웨덴의 식물학자이자 분류학자인 린네는 이를 '호모 사피엔스(Homo Sapiens)'라고 불렀어요. 라틴 어로 호모는 '사람'이라는 뜻이며 사피엔스는 '지혜로운'이라는 뜻이에요. 따라서 호모 사피엔스는 '지혜로운 사람'이라는 뜻이 되지요.

　학자들은 인류가 호모 사피엔스에 이르기까지 여러 단계의 진화를 거쳤다고 보고 있어요. 인류의 조상에 해당하는 여러 종들이 같은 시기에 살다가 멸종하기를 반복했지요. 학자들은 이처럼 다양한 인류의 조상에 대해 여러

가지 이름을 붙였어요. 예를 들어 호모 하빌리스(Homo Habilis)는 '손을 쓸 줄 아는 사람'이라는 뜻이에요. 이 시기의 인류가 손으로 도구를 만들어 쓸 수 있었다는 것이지요. 호모 에렉투스(Homo Erectus)는 '서서 걷는 사람'이라는 뜻이랍니다.

화석이 발견된 곳에서 이름을 붙이기도 해요. '베이징 원인'은 중국 베이징 근처에서 발견된 인류 조상의 화석이에요. 호모 사피엔스와 가까웠던 종인 '네안데르탈 인'은 독일 네안데르 계곡에서 처음 화석이 발견됐지요.

호모 사피엔스는 식물을 채집하거나, 동물을 사냥했고, 이렇게 얻은 식량을 불을 피워서 익혀 먹었어요. 호모 사피엔스는 이전의 인류에 비해 발전된 행동 방식을 보였지만 결정적으로 언어를 사용한 것이 다른 인류와 달랐던 점이에요. 호모 사피엔스는 사람이 죽으면 땅에 묻었는데 그 사람이 사용하던 물건을 같이 묻어 주었어요. 이것은 죽은 사람에 대한 두려움이 있었거나, 사람이 죽은 다음에도 살아가는 세상이 있으리라는 종교적인 감정이 있었기 때문인 것으로 해석돼요. 이런 것은 언어가 있었기에 가능했어요.

이후 인류는 돌을 가지고 도구를 만드는 법을 배웠고, 금속으로 더욱 단단한 도구를 만드는 법도 배웠어요. 식물을 채집하거나 동물을 사냥하는 대신 땅에 식물을 재배해서 식량을 얻는 방법도 터득했지요.

Chapter 2

미디어의 발달

인간은 지속적으로
　　정밀하고 효율적인
　미디어들을 발명하고
　발전시켜 왔다

원시 미디어

인간은 몸짓과 표정, 음성이라는 기본적인 의사소통 수단에서 더 정확하고 효율적인 미디어들을 발명하고 발전시켜 왔습니다. 과거의 미디어가 속도가 느리고 범위가 좁으며 보존 기간이 짧았다면, 시간이 흐르면서 속도가 빠르고 한꺼번에 많은 사람들에게 정보를 전달할 수 있는 미디어가 개발됐어요. 새로운 미디어의 등장은 인간의 삶을 편리하게 만들어 주는 데 그치지 않고 사람들의 사고방식과 문화를 바꾸었고 사회가 운영되는 방식에도 영향을 미쳤어요. 새로 등장한 미디어가 과거에 많이 사용되던 미디어를 밀어내 버린 경우도 있었지요. 제아무리 편리하고 빠른 미디어가 등장했다고 해도 지금까지 굳건하게 자리를 지키고 있는 미디어도 많지요.

태어난 지 얼마 되지 않은 아기는 자신의 의사를 상대방에게 표현할 수 있는 방법이 울음소리밖에 없어요. 아기의 울음소리는 '내가 지금 불편한 것이 있다.'라는 사실만 알려 줄 뿐 정보를 구체적으로 담을 수 없어요. 아주 오래전 인류가 습득한 원시 미디어도 비슷해요. 여러 가지 제약이 있었지요. 하지만 원시 미디어가 없었다면 오늘날 우리가 사용하고 있는 강력한 미디어도 없었을 거예요.

　날씨가 좋을 때 야외에서 사람이 하는 말소리를 구분해서 들을 수 있는 거리는 약 180미터라고 해요. 그보다 더 멀어도 상대방이 지르는 고함 소리가 들리기는 하지요. 조용한 밤에 약 17킬로미터 떨어진 곳에서 다른 사람이 낸 고함 소리를 측정했다는 기록도 있어요. 그러나 이것은 단순히 들리는 것일 뿐 이렇게 먼 거리에서는 "이쪽으로 와라.", "오늘 학교에 다녀왔니?"와

> **tip**
>
> 🎙️ **휘파람 언어 실보 고메로 (Silbo Gomero)**
>
> 대서양의 카나리아 제도에 속한 섬 라 고메라(la Gomera)에 사는 사람들은 일상적으로는 스페인 어를 쓰지만 멀리 있는 사람에게 소식을 전하거나 특별한 의식을 치를 때 독특한 휘파람 소리를 이용한다. 손가락을 입에 넣어 내는 휘파람 소리의 높낮이와 길이로 의미를 구분한다. 사람이 내는 말소리보다 훨씬 더 멀리까지도 의미를 전달할 수 있기 때문에 멀리 떨어진 곳에 사는 이웃들을 초대하거나 공적인 정보를 여러 사람들에게 전달할 때 주로 사용됐다. 2009년 유네스코 인류무형문화유산에 선정됐다.

같이 세밀한 정보를 주고받을 수는 없어요.

희귀한 휘파람 언어인 실보 고메로의 경우 최대 8킬로미터 밖에서도 의미를 파악하여 소통할 수 있대요. 그렇지만 일반적으로 사람이 음성으로 의사소통을 할 수 있는 거리는 학교 운동장을 가로지르는 정도에 지나지 않아요. 그것도 말하는 사람이 힘껏 고함을 지르고 듣는 사람이 주의를 기울여야 가능해요. 목청을 높이지 않고도 의사소통을 할 수 있는 거리는 그보다 훨씬 짧지요.

인류는 아주 오랫동안 음성 언어의 한계에 갇혀 살아야 했어요. 음성 언어는 말하는 사람과 듣는 사람이 같은 시간, 같은 공간에 있어야 해요. 여러분이 친구와 대화를 하고 있는 경우를 생각해 봐요. 여러분이 지금 하는 말을 친구가 듣지 못하면 전달에 실패하는 거예요. 여러분이 말을 하는데 상대방이 먼 곳에 있는 경우에도 의사소통이 되지 않지요. 감정이나 간단한 정보를 전달할 수 있는 몸짓, 표정 역시 직접 얼굴을 마주 보고 있어야 의사소통이 가능하답니다.

미디어의 발달은 시간과 공간의 구속을 뛰어넘으려는 노력에서부터 비롯됐어요. 가장

마라톤의 시작

페이디피데스는 그리스 아테네의 군대에서 소식을 전달하는 역할을 맡은 전령이었다. 그는 기원전 490년 페르시아 군대가 그리스를 침략하기 위해 마라톤 평원에 상륙하자 이웃 나라인 스파르타에 도움을 요청하기 위해 이틀간 240킬로미터를 뛰어갔다고 한다. 그리고 아테네 군대가 마라톤 전투에서 페르시아 군대를 무찌르자 마라톤 평원에서부터 아테네까지 약 40킬로미터를 달려가 승전 보를 전한 다음 쓰러져 숨졌다. 42.195킬로미터를 달리는 오늘날의 마라톤 경기는 페이디피데스의 업적을 기리는 뜻에서 마라톤이라는 이름으로 불리게 됐다.

단순한 방법은 정보를 전달하려는 사람이 정보를 전달받을 사람에게 직접 다가가는 것이에요. 기원전 8000년경 인류가 농사를 지으면서 정착 생활을 시작한 뒤로 마을을 돌아다니며 마을의 중요한 결정 사항이나 정보를 큰 소리로 알리는 사람이 생겨났다고 해요. 기원전 490년, 마라톤 평원의 승리를 알려 주려고 약 40킬로미터를 쉬지 않고 달려가 소식을 전하고 숨진 아테네의 전령도 여기에 해당되지요.

목소리보다 더 멀리 전달되는 소리를 내는 도구를 사용하기도 했어요. 이를테면 북이나 징 같은 도구지요. 소리가 아니라 시각적 신호를 이용하는 방법도 생겼어요. 산에 올라가 연기를 피우거나, 밤에 불을 피워서 멀리 떨어져 있는 사람들에게 소식을 전달했답니다.

문자 미디어의 발명

원시 미디어가 안고 있는 시간적, 공간적 제약에서 어느 정도 벗어나도록 해 준 것이 바로 문자입니다. 문자는 인간이 의사소통을 하기 위해 사용하는 말을 눈으로 볼 수 있게 기호로 바꾼 것들이에요. 다시 말해 여러분이 입으로 내는 '친구'라는 소리를 눈으로 볼 수 있는 '친구'라는 표시로 바꾼 것으로 한글, 한자, 알파벳 등이 바로 문자랍니다.

문자는 저마다 만들어진 원리가 다양해요. 인류가 처음 만든 문자는 동물이나 식물, 물건 등을 그대로 묘사한 그림 문자였어요. 하늘에 뜬 해는 동그라미로 표현하고, 밤에 뜨는 달은 반달 모양으로, 소는 머리에 뿔이 있는 네 발 달린 짐승 모양으로 표현하는 식이었지요. 사물이나 동식물의 모양을 본떠서 만들기는 했지만 그림 문자보다 단순하거나 반대로 더 복잡하게 바뀐 것을 상형 문자라고 해요. 사물의 모양과 관계없이 사람이 내는 소리를 기호로 나타낸 것은 표음 문자라고 해요.

우리가 쓰는 문자인 한글은 1443년 세종대왕이 만든 소리글자예요. 그 당시에는 훈민정음이라고 했답니다. 그러나 세계 여러 나라의 사람

신문 바위(Newspaper rock)

문자와 종이가 발명되기 전에도 무엇인가를 쓰고 그리는 것은 인류에게 친숙한 행위였다. 문자를 갖지 못한 원시인은 "어제 저 숲에 갔다가 곰을 만났다."라는 이야기를 개인적으로 기억하고 싶거나 "저 숲에 가려면 아주 조심해야 한다."라는 이야기를 다른 사람들에게 전하고 싶을 때 무언가에 새기기 시작했다. 그들은 흙과 모래에 비해 바위에 무언가를 새겨 두면 아주 오래간다는 것을 알아냈을 것이다.

미국 유타 주에 있는 캐니언랜즈 국립공원에 가면 '신문 바위'라는 별명이 붙은 거대한 바위가 있다. 이 바위는 원래 황색인데 바위 표면에 포함된 성분이 공기에 노출되면서 검은색으로 변했다고 한다. 이 바위에는 사람이나 곰, 사슴, 새 같은 모양에서부터 의미를 알 수 없는 문양까지 다양한 암각화가 그려져 있다. 바위 표면의 검은 물질을 긁어내 모양을 만든 것이다. 2000년 전 이 지역에 살던 인디언이 남긴 흔적도 있고, 1900년대 이곳을 방문한 백인들이 새긴 암각화도 있다. 사람들은 인디언들이 마치 게시판처럼 남들에게 알리고 싶은 것들을 이 바위에 새겼을지도 모른다면서 신문 바위라는 이름을 붙였다.

미국 유타 주에 있는 신문 바위

들이 쓰는 다양한 문자들은 언제 누가 만들었는지 정확히 알려지지 않은 경우가 대부분이에요. 오랜 시간에 걸쳐 여러 사람의 지혜가 합쳐져서 만들어졌기 때문이에요. 학자들은 대체로 문자가 청동기 시대인 기원전 4000~3000년경부터 처음으로 쓰이기 시작했을 거라고 추측하고 있어요. 문자의 발명은 인간의 의사소통을 획기적으로 변화시켰어요. 글은 말보다 정보를 저장하고 전달하는 능력이 훨씬 뛰어나니까요.

2015년 독일의 해안가에서 오래된 유리병 하나가 발견됐어요. 유리병 안에는 "이 병을 깨트리세요."라는 글이 쓰여 있었지요. 실제로 병을 깨 보니 놀라운 사실이 드러났어요. 1908년 11월 30일 영국의 해양 생물학자 조지 파커 비더가 바닷물의 흐름을 연구하기 위해 편지를 넣은 유리병을 바다에 1000개가 넘게 던졌어요. 유리병 안에는 그 유리병을 발견한 사람들에게 발견 장소와 시간 등을 적어서 영국 해양 생물협회로 보내 달라는 부탁의 메시지가 들어 있었지요. 대부분은 1년 이내에 돌아왔어요. 그중 하나가 108년이라는 긴 시간과 공간을 뛰어넘어 발견된 거예요. 편지를 보낸 비더는 이미 1954년 세상을 떠났고요.

108년 만에 돌아온 유리병 편지 이야기가 놀랍기는 하지만 박물관이나 도서관에 가면 우리는 이보다 훨씬 더 오래전에 쓰인 문자 기록들을 찾아볼 수 있어요. 인류가 최초로 사용한 문자 가운데 하나인 쐐기문자는 지금의 중동 지역인 메소포타미아에서 사용됐어요. 메소포타미아인들은 진흙으로 만든 평평한 판에 뾰족한 쐐기로 글자를 꾹꾹 눌러서 쓴 다음 도자기처럼 불에 구웠어요. 이런 점토판은 일부러 깨트려 부수지 않는다면 쉽게 닳거나 훼손되지 않아요. 그래서 기원전 3000년경, 그러니까 지금으로부터 5000년 전에 만들어진 점토판이 지금까지 남아 있어요. 미국의 천문학자 칼 세이건은 "글쓰기야말로 인류의 가장 위대한 발명이다. 책은 우리를 시간의 굴레에서 벗어나게 해 주었다."라고 말했어요.

지식의 축적이 가능해지다

문자와 쓰기의 발명으로 인류가 지식을 효과적으로 축적하고 전달할 수 있게 되었어요. 여러분은 수업 시간에 배운 내용을 얼마나 오랫동안 기억할 수 있나요? 반복해서 떠올리지 않는다면 그리 오래지 않아 잊어버릴 수밖에 없을 거예요. 여러분은 친구에게서 들은 재미난 이야기를 다른 친구에게 얼마나 정확하게 다시 얘기해 줄 수 있나요? 아무리 들은 대로 정확하게 전달한다고 해도 이야기가 길수록 애초의 내용과 달라질 수도 있겠지요. 이와 같이 여러 단계를 거치다 보면 전혀 다른 이야기가 만들어지는 경우가 생긴답니다.

문자와 쓰기가 발명되면서 말로만 전해 오던 부정확한 기록들이 명확하게 축적이 되었답니다. 작년 여름에 비가 얼마나 왔는지, 10년 전 여름에는 비가 얼마나 왔는지를 단순히 인간의 기억력에 의존하는 것이 아니라 문자로 적은 기록을 통해서 정확하게 알아낼 수 있게 되었으니까요. 바야흐로 '역사 시대'가 열린 셈이지요.

문자와 쓰기는 의사소통을 하고 지식을 축적하기 위한 훌륭한 도구이긴 했지만 오랫동안 부유하고 힘 있는 사회 지배층의 전유물이었어요. 복잡한 문자를 아무나 배울 수 없었을 뿐 아니라 점토판, 동물 가죽, 갈대로 만든 파피루스, 비단처럼 문자를 적을 수 있는 도구 자체가 귀중한 물건들이었거든요. 서기 105년 중국의 채륜이 종이를 발명하고, 이 기술이 세계로 퍼져 나갔지만 보통 사람들이 종이를 손쉽게 접할 수 있게 된 것은 아주 최근의 일이랍니다.

문자를 기록하는 방식도 발전했지요. 사람들은 동물 가죽이 됐건, 비단 또는 종이가 됐건 평평한 곳에 손으로 일일이 글자를 써넣었어요. 오늘날 여러분이 수업 시간에 책이나 공책에 중요한 내용을 적어 두고, 친구에게 보낼 편지에 정성스럽게 글을 쓰는 것과 마찬가지로 오랫동안 인류에게 문자란 손으로 직접 써넣는 것이었어요. 그런데 손으로 글을 쓰는 것은 속도가 느렸어요. 여러분의 교과서 한 권을 손으로 베껴 쓴다고 생각해 보세요. 쉬지 않고 쓴다고 해도 상당히 오랜 시간이 걸릴 거예요.

이러한 한계를 극복할 수 있도록 해 준 것이 바로 인쇄 기술이에요. 인쇄는 판 위에 글자나 모양을 새기고 물감이나 잉크를 묻힌 다음 종이나 천 같은 것에 찍어서 박아 내는 것을 말해요. 유치원이나 초등학교에서 반으로 자른 감자의 표면에 글자나 그림을 새긴 다음 물감을 묻혀 찍는 놀이를 해 본 적이 있나요? 인쇄는 이러한 '감자 도장'의 원리와 크게 다르지 않아요.

여러 사람에게 알리기 위해 같은 편지를 여러 장 쓴다고 생각을 해 봐요. 손으로 일일이 쓰려면 시간도 오래 걸리고 실수로 잘못된 내용이 들어갈 수도 있어요. 그런데 편지를 어떤 물체에 새긴 다음, 물감이나 잉크를 묻혀 찍어 내면 같은 내용을 얼마든지 만들어 낼 수 있어요.

사람들은 오랫동안 인쇄의 도구로 나무를 사용했어요. 나무를 평평하게 켠 다음 조각칼로 글자를 일일이 새겨 넣는 방식이지요. 팔만대장경은 이렇게 만들어진 목판이에요. 나무 다음으로 사용된 인쇄 도구가 금속이에요. 금속은 나무보다 단단하기 때문에 한번 만들면 훨씬 더 많은 양을 찍어 낼 수 있었어요.

독일의 요하네스 구텐베르크는 1440년대에 이전과는 전혀 다른 인쇄 기술을 완성했어요. 나무판에 글자를 새겨 넣는 방식이 아니라 금속으로 낱개의 글자를 만든 다음 문장에 따라 조립해서 판에 배치하는 방식을 고안했답니다. 기존의 목판 인쇄에선 한 글자만 잘못 새겨도 전체를 다시 만들어야 했지만 금속 활자를 조립하는 방식은 훨씬 간편하고 경제적이었어요. 구텐베르크는 이렇게 만든 금속 활자판에 잉크를 칠한 다음 종이를 올려놓고 눌러 찍어 내는 인쇄기도 만들어 냈지요.

구텐베르크가 발명한 인쇄술의 효과는 대단했어요. 손으로 일일이 써서 책 한 권을 만들어 내려면 2개월이 걸렸지만, 구텐베르크의 인쇄술을 이용하면 일주일에 책 500권을 인쇄할 수 있었다고 해요. 이렇게 책을 만드는 비용과 시간이 엄청나게 줄어들면서 과거 귀족이나 성직자들만 볼 수 있었던 책들이 대중들에게 퍼져 나가기 시작했어요.

지식과 정보의 대폭발이 일어난 것이지요. 여러 지식과 정보가 사람들에게 흘러넘치면서 종교 개혁과 시민 혁명이 일어나는 계기가 되었답니다. 그동안 지식과 권력을 독점하고 있던 고위 성직자들과 왕족, 귀족에 대한 저항이 일어난 것이에요. 또한 지식의 축적

세계 최초의 금속 활자

1997년 미국의 부통령이었던 앨 고어는 독일 베를린에서 열린 행사에서 "금속 활자는 한국이 세계 최초로 발명하고 사용했지만, 인류 문화사에 영향력을 미친 것은 독일의 금속 활자다."라고 말했다고 한다. 고어 부통령이 말했듯 세계 최초의 금속 활자는 우리 조상들이 만들었다. 현재 남아 있는 가장 오래된 금속 활자 인쇄물은 〈직지심체요절〉이다. 줄여서 〈직지〉라고 부른다. 1372년 고려 공민왕 때 경한 스님이 쓴 책을 1377년 흥덕사에서 금속 활자로 인쇄했다. 현재 프랑스 국립도서관이 보관하고 있다. 〈직지〉는 서양 최초로 금속 활자로 찍어 낸 1455년의 구텐베르크의 〈42행 성서〉보다 78년이나 앞선다. 1234년 고려 인종 때 〈상정고금예문〉이라는 책이 금속 활자로 만들어졌다는 기록이 있으나 전해지지 않고 있다. 〈직지〉는 2001년 유네스코 세계기록유산으로 등재됐다.

과 습득, 전달이 훨씬 간편해지면서 새로운 지식층이 생겨나고 창의성도 활발하게 발휘되었어요.

오늘날 우리의 사회 제도와 문화 가운데 구텐베르크의 인쇄술에 영향을 받지 않은 것은 거의 없어요. 미국의 유명한 시사 잡지인 타임지는 1997년 지난 1000년 동안 인류에게 있었던 사건 100건을 선정해 발표했는데, 구텐베르크의 인쇄술이 가장 중요한 사건으로 꼽혔어요.

신문과 잡지, 전신 및 전화의 등장

1605년 프랑스와 독일의 국경에 위치한 스트라스부르에서 〈렐라치온(Relation)〉이라는 인쇄물이 처음 선보였어요. 요한 카롤루스라는 사람이 특이하거나 기억해 둘 만한 소식들을 모아서 만든 독일어 신문이었어요. 일주일에 한 번씩 발행됐던 〈렐라치온〉은 세계신문협회가 인정하는 최초의 근대적인 신문이에요.

〈렐라치온〉 이전에도 신문과 비슷하게 문자로 소식을 전하는 미디어는 여럿 있었어요. 로마는 기원전 130년경부터 사람들에

게 알려야 할 것들을 적은 〈악타 디우르나(Acta Diurna)〉를 매일 발행했어요. 종이에 인쇄하는 방식이 아니라 금속이나 돌 같은 것에 새긴 다음 게시판에 매달아 놓는 형태였지요. 중국에서도 당나라(618~907) 왕실에서는 각 지역의 관리들에게 알려야 할 사항들을 담은 〈저보(邸報)〉라는 소식지가 발행되었답니다.

그렇지만 근대적인 의미의 신문은 금속 활자 인쇄술이 널리 퍼지면서 17세기에 본격적으로 등장하기 시작했어요. 세계 최초의 일간 신문은 1702년 영국 런던에서 발행된 〈데일리 커런트(Daily Courant)〉예요.

유럽에서 본격적으로 등장한 신문들은 손으로 베껴서 유통되던 소식지를 대체했어요. 신문은 대중들이 받아들일 만한 내용을 정기적으로, 가장 빠르게 전달했어요.

발행자가 공개되었기 때문에 신문들은 사실을 확인하기 위해 최대한 노력했고 신문에 대한 신뢰도도 높아졌지요.

신문의 등장은 대중 매체, 즉 '매스 미디어' 시대를 열었어요. 인쇄기계를 이용하면 같은 내용을 얼마든지 찍어 낼 수 있었기 때문에 한꺼번에 여러 사람들에게 정보와 메시지를 전달할 수 있었거든요. 글을 읽을 줄 아는 사람들이 늘어나고 뉴스에 대한 수요가 증가하면서 발행되는 신문의 숫자도 점차 늘어났어요. 신문들끼리 정확하고 빠른 뉴스를 전달하기 위해 서로 경쟁을 하면서 독자들은 더 많은 뉴스를 볼 수 있게 되었답니다.

말로 소식을 전하던 시대에 비하면 빠르고 효율성이 높아졌다고는 하지만 인쇄된 신문을 배달하려면 일정한 시간이 걸리는 것은 어쩔 수 없었어요. 또한 신문은 문자에 기반을 둔 매스 미디어랍니다. 소리나 영상 등은 신문에 담아서 전달할 수 없었지요.

기술이 발달하면서 소리나 영상을 전달하는 미디어도 등장했어요. 19세기 초 유럽과 미국에서 전선에 흐르는 전기를 조작하여 멀리 떨어져 있는 상대방에게 신호를 보내는 전신 기술이 활발하게 연구되기 시작했어요. 1837년 미국의 새뮤얼 모스가 개발한 모스 부호는 전신을 이용해 의사소통을 편하게 할 수 있는 방법을 제공했어요. 모스 부호는 '뚜—' 하는 긴 선의 여러 가지 조합을 알파벳 문자에 대응시켜 전달하는 방식이었지요. 전신의 사용이 활발해지면서 뉴스의 속도도 훨씬 빨라졌어요. 수백수천 킬로미터 떨어진 곳에서 벌어진 일도 전신을 통해 전달받아 신문을 통해 내용을 전달할 수 있게 되었거든요. 1866년에는 영국과 미국을 잇는 대서양 횡단 해저 케이블이 연결됐어요. 1870년 프랑스의 황제 나폴레옹 3세가 물러나고 9월 4일 제3공화국이 선포됐다는 소식이 이틀 뒤인 9월 6일 미국의 신문에 실릴 수 있었던 것도 이 케이블 덕분이지요. 사람의 목소리를 직접 전달하는 전화기는 1876년에 발명되었답니다.

전화기 인사말은 왜 '여보세요'일까?

우리나라에는 1896년에 처음으로 전화기가 설치됐다. 궁궐인 덕수궁 내부에 설치된 전화는 주요 관청과 연결됐고 인천까지도 개통됐다. 우리는 전화를 받을 때 "여보세요."라고 인사를 한다. 왜 이 말을 전화 인사말로 쓰기 시작했는지는 정확하게 알려져 있지 않다. 다만 궁궐에 처음 설치됐고 사용자는 신분이 높은 사람이었을 가능성이 높았고, 이들이 아랫사람을 부를 때 썼던 "여봐라." 또는 "여보시오."라는 말이 "여보세요."라는 말로 바뀌었을 것이란 추측이 있다.

전화기가 처음 발명된 미국을 비롯해 영어권에서는 전화기 인사말로 "헬로(Hello)."라고 하는데 이것의 기원은 정확히 알려져 있다. 1876년 전화기를 발명한 알렉산더 그레이엄 벨은 뱃사람들이 상대방을 부를 때 쓰는 "아호이(Ahoy)."를 전화기 인사말로 쓰자고 제안했고, 한동안 그렇게 쓰였다. 그러나 1877년 발명가 토머스 에디슨은 아호이 대신 "헬로."라고 쓰자고 제안했다. 전화 회사에서 이 제안을 받아들여 교환수들이 "헬로."라고 인사하면서 이 인사말이 정착됐다.

라디오와 텔레비전의 등장

전신과 전화는 모두 전선이 연결돼 있어야 한다는 제약이 있었어요. 인류의 위대한 도전 정신은 이 제약을 뛰어넘을 방법도 찾아내게 되지요. 전선으로 연결되지 않고도 멀리 떨어진 곳에서 의사소통을 할 수 있는 무선 통신 기술 개발에 성공한 거예요. 1890년대 후반부터 1910년대까지 무선 통신 기술을 가지고 사람의 목소리와 음악을 멀리 떨어진 사람에게 전달하려는 실험이 여러 곳에서 시도됐어요.

무선 통신으로 사람의 목소리와 음악을 전달하는 데 처음으로 성공한 사람은 미국의 레지널드 페센든이에요. 그는 1906년 12월 24일 미국 매사추세츠에 있는 연구실에서 바이올린 연주에 맞춰 부르는 노래를 자신이 개발한 무선 통신 장비를 통해 보냈어요. 대서양에 떠 있는 배에 있던 선원들은 무선 통신기에서 들려 나오는 노래와 음악 소리에 깜짝 놀랐어요. 모스 부호가 아닌 사람 목소리와 음악이 들려온 것은 처음이었거든요.

이 기술 덕분에 무선으로 이야기와 음악을 들려주고 뉴스를 알려 주

는 라디오 방송국이 생겼지요. 1920년 11월 미국 피츠버그에서 KDKA가 세계 최초로 정규 라디오 방송을 시작했고, 1922년 설립된 영국의 BBC는 처음으로 라디오 뉴스 프로그램을 진행했어요.

　재미난 이야기와 감미로운 음악, 세상 저편에서 벌어지는 소식을 뉴스로 전해 주는 라디오는 나오자마자 사람들의 큰 사랑을 받았어요. 저녁 식사를 마친 가족들이 거실에 모여 앉아 라디오를 듣는 것이 커다란 즐거움이 되었답니다. 라디오가 큰 인기를 끌다 보니 웃지 못할 사건도 벌어졌어요.

　1938년 10월 30일 밤 미국 뉴저지의 CBS 방송 채널에서는 라디오 드라마가 흘러나오고 있었어요. 허버트 조지 웰스가 쓴 소설 『우주 전쟁』을 라디오에 맞게 각색한 것이었지요. 화성에 사는 외계인이 지구를 공격했다는 대목에서는 "속보를 알려 드립니다."라는 가상의 뉴스를 집어넣었고, 폭발음까지 동원했다고 해요. 라디오 채널을 돌리다 방송을 듣게 된 사람들은 실제로 우주인이 지구를 공격한 것으로 착각하고 크게 놀랐어요. 짐을 싸서 피난을 떠나는가 하면, 외계인과 싸우겠다며 총을 들고 거리로 뛰쳐나온 사람들도 있었지요. 도시가 거의 마비될 지경이었어요. 너무도 사실적이어서 문제가 됐던 이 라디오 드라마를 만든 것은 오슨 웰스였어요.

　라디오는 사람의 목소리와 음악처럼 귀에 들리는 정보만 전달할 수 있었지만, 이에 더해 눈에 보이는 시각적인 정보까지 전달할 수 있게 해 준 것은 텔레비전이에요. 시각적 정보, 즉 영상을 전달하는 기술은 19세기 말부터 개발되기 시작해 1926년 영국의 존 베어드가 완성시켰어요.

아무리 멀리 떨어진 곳에서 일어난 일도 바로 눈앞에서 벌어지는 일처럼 실감 나게 보고 들을 수 있는 길이 열렸답니다. 텔레비전 방송이 본격적으로 시작된 것은 1940년대예요. 시각 및 청각 정보까지 전달하는 텔레비전은 매스 미디어 시대를 완성시켰다고 볼 수 있어요.

  1969년 7월 16일, 인류 역사상 최초로 달 표면에 착륙할 우주 비행사들을 태운 아폴로 11호를 실은 로켓이 미국 플로리다 주 케네디 우주 센터에서 발사됐어요. 세계 각국에서 7억 명이나 되는 사람들이 이 장면을 텔레비전으로 지켜보았어요. 사람들은 나흘 뒤인 7월 20일 달 표면에 착륙한 아폴로 11호에서 선장 닐 암스트롱이 나와 달 표면에 위대한 첫 발자국을 찍는 장면까지도 안방에서 편안히 지켜볼 수 있었지요.

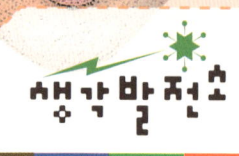

지구촌의 형성

지구본을 보면 우리나라 정반대 편에 아르헨티나라는 나라가 있어요. 우리나라에서 남아메리카에 있는 아르헨티나까지 비행기를 타고 가면 26~30시간가량 걸립니다. 교통수단의 발달로 하루 남짓이면 지구 반대편까지 이동할 수 있는 것이지요. 지구의 실제 크기는 수백만 년 전이나 지금이나 차이가 없겠지만 사람들이 느끼는 지구의 크기는 기술의 발달로 작아지고 있어요.

미디어의 세계에서 지구는 훨씬 더 작습니다. 영국의 과학 소설가 아서 클라크는 1945년 발표한 글에서 지구 상공에 인공위성을 띄워서 24시간 장거리 무선 통신을 할 수 있는 상황을 상상하면서 '지구촌'이라는 표현을 처음 썼어요. 통신 기술이 발달해 멀리 떨어진 곳에서도 마치 작은 마을처럼 의사소통을 자유자재로 할 수 있게 된다는 뜻이었지요.

지구촌이라는 말이 널리 알려지고 유명해진 것은 캐나다의 유명한 미디어 학자 마셜 매클루언 덕분이었어요. 매클루언도 1960년대 초에 쓴 책에서 전기 통신 기술의 발달로 인해 지구가 마을 수준으로 작아질 것이라고 주장하며 지구촌이라는 말을 사용했지요.

　매클루언은 인류의 역사를 커뮤니케이션 수단 발달의 관점에서 바라보았어요. 그리고 텔레비전의 등장을 인간의 커뮤니케이션 역사에서 획기적인 사건이라고 평가했지요. 매클루언에 따르면 오랫동안 인류의 의사소통의 중요한 수단이었던 문자나 활자 미디어는 시각, 청각, 촉각 등 인간의 다양한 감각 가운데 오로지 시각에 의존한 미디어였어요. 그렇지만 텔레비전은 시각과 청각을 모두 사용하는 미디어이기 때문에 시각에 치우쳤던 인간의 균형 감각을 회복시켜 줄 것이라고 내다보았어요. 똑같은 정보나 메시지도 신문에 인쇄된 활자로 전달된 것에 비해 텔레비전을 통해 방송된 것이 훨씬 더 풍부하고 균형 잡힌 인식을 할 수 있도록 해 준다고 보았답니다. 매클루언은 세계인이 텔레비전을 통해 개인주의에서 벗어나 마치 하나의 마을에 사는 것처럼 경험과 인식을 공유할 것이라는 기대도 했어요.

　매클루언이 설명한 것처럼 문자 미디어와 비교하면 텔레비전은 시각과 청각을 동시에 활용하기 때문에 사람들이 자연스럽게 의사소통을 하는 방식에 가까워요. 텔레비전은 문자 미디어에 비해 훨씬 더 다양한 정보를 종합적으로 전달하는 장점도 있지요.

　오늘날 텔레비전은 매클루언의 기대와 예언을 빗나갔다고 봐야 해요. 텔레비전을 '바보 상자'라고 부르는 것만 해도 그래요. 텔레비전이 제공하는 획일적이고 일방적인 정보를 받아들이는 데에 너무 익숙해지면 오히려 스스로 생각하는 능력이 떨어진다는 뜻이에요. 그럼에도 불구하고 텔레비전이 여전히 매우 중요한 미디어인 것은 틀림없어요.

Chapter 3

미디어와 우리 사회

뉴스는 어떻게 만들어질까?

신문을 들추거나, 텔레비전, 인터넷을 켜면 뉴스들이 쏟아져 나옵니다. 날씨 소식에서부터 정치, 경제, 사건·사고에 관한 뉴스, 그리고 인기 연예인이 멋진 옷을 입고 시상식에 나타났다는 소식까지 뉴스는 쉴 새 없이 만들어지고 있어요. 세상이 복잡해지고 미디어가 다양해지면서 매일 만들어지는 뉴스의 양은 갈수록 늘어나고 있어요.

그렇다고 세상의 모든 일이 뉴스로 만들어지는 건 아니에요. 오늘 아침 해가 동쪽에서 떠서 서쪽으로 진 것은 뉴스가 되지 않아요. 여러분이 오늘 아침 일어나 밥을 먹고 학교에 갔다 왔다는 것도 뉴스로 만들어질 가능성은 높지 않지요.

'개가 사람을 물면 뉴스가 되지 않지만, 사람이 개를 물면 뉴스가 된다.'라는 말을 들어 본 적이 있나요? 이것은 뉴스의 기준, 즉 '뉴스 가치'를 재는 기준 가운데 하나를 설명하는 말입니다. 개가 사람을 무는 일은 종종 벌어지지만, 사람이 개를 무는 일은 여간해선 벌어지지 않아요. 그런데 어떤 사람이 실제로 개를 물어뜯었다면 어떨까요? 이렇게 흔치 않은 신기한 일이 생기면 뉴스로 만들어질 가능성이 높아요.

    2015년 2월 11일 오전, 인천국제공항이 있는 영종도와 육지를 연결하는 영종대교에 짙은 안개가 끼었어요. 버스 한 대가 빠른 속도로 달리다가 그만 앞차를 들이받고 말았어요. 뒤를 따라오던 차들도 속도를 줄

이지 못하고 줄줄이 앞차와 충돌했지요. 사고를 당한 차가 모두 106대나 됐어요. '106중 추돌 사고'는 우리나라에서 벌어진 가장 큰 연쇄 교통사고예요. 사고가 나자마자 많은 뉴스들이 쏟아져 나왔어요.

그에 비하면 외국의 미디어들은 이 사고에 대해 관심이 덜했어요. 뉴스 가치에 대한 다른 기준이 작용했기 때문이에요. 사람은 멀리서 벌어진 일일수록 관심을 덜 갖는답니다. 외국의 미디어들이 먼 나라 한국에서 벌어진 일에 관해 뉴스를 적게 만든 것은 당연해요. 그리고 아무리 큰 사건이라도 시간이 지나면 최근에 일어난 뉴스에게 자리를 넘겨주기 마련이지요. 영종대교 106중 추돌 사고에 관한 뉴스도 시간이 지나면서 점점 줄어들었어요. 이렇게 가까운 곳에서 일어난 일일수록, 최근에 일어난 일일수록 뉴스가 될 가능성이 높아집니다.

사건의 주인공이 얼마나 유명한가도 중요해요. 유명 정치인이나 연예인은 뉴스에 단골로 등장하는 인물이에요. 인기 있는 아이돌 그룹의 멤버가 머리를 짧게 깎고 군대에 갔다는 뉴스를 본 적이 있을 거예요. 유명한 연예인이 결혼을 해도 뉴스가 쏟아지지요. 한 해에 수만 명이 군대에 가고 결혼을 하지만, 보통 사람이 군대를 가거나 결혼을 한다고 뉴스가 되는 경우는 거의 없어요.

이 밖에도 갈등의 정도가 얼마나 심각한지, 사건이 얼마나 오래 동안 지속될 것인지, 뉴스 소비자에게 얼마나 유용한 소식인지 등 뉴스 가치를 나누는 기준은 여러 가지가 있어요. 그리고 어떤 기준이 가장 중요한지는 사건이 벌어진 시기와 장소 등에 따라 시시각각 달라집니다.

뉴스를 구성하는 것들 – 육하원칙

뉴스가 어떤 형식으로 만들어져야 하는지 정해진 법은 없어요. 뉴스를 만드는 사람마다 다른 전달 방식을 선택할 수 있고, 한 사람이 만든 뉴스라도 소재가 달라지면 형식이 달라지기 마련이거든요.

뉴스의 형식은 다양하지만 뉴스라면 기본적으로 갖추고 있어야 할 것들이 있지요. '누가(who), 언제(when), 어디서(where), 무엇을(what), 왜(why), 어떻게(how)'라는 여섯 가지 기본 조건이 필요하답니다. 이를 '육하원칙'이라고 부르는데, 영어 단어의 머리글자를 따서 '5W1H'라고도 해요.

앞에서 이야기한 영종대교 106중 추돌 사고를 예로 들어서 설명해 볼까요? 영종대교 위를 지나던 자동차와 운전자들은 '누가'에 해당하고, 사고가 일어난 2015년 2월 11일 오전은 '언제'가 되겠지요. '어디서'는 영종대교이고, '왜'는 짙은 안개와 과속이 될 것입니다. 자동차 한 대가 앞 차를 들이받고, 뒤따라오던 차가 다시 이 차를 들이받는 등의 상황이 '무엇을'과 '어떻게'에 해당한답니다. 이 사고로 죽은 2명과 다친 130명은

'누가'에 해당할 수도 있고, '무엇을'에 해당할 수도 있어요.

실제로는 모든 뉴스가 육하원칙을 빠짐없이 담고 있는 것은 아니에요. 육하원칙이 모두 드러나지 않은 상황에서 뉴스가 만들어지는 경우도 많거든요. **미디어들은 밝혀지지 않은 육하원칙의 구성 요소를 밝혀내기 위해 노력합니다.** 어떤 대형 사건은 육하원칙이 모두 밝혀지는 데 몇 달에서 몇 년이 걸리기도 하지요.

뉴스의 기본 원칙 - 객관성

육하원칙이 뉴스를 구성하는 기본 요소라면 객관성은 뉴스가 갖춰야 할 태도라고 할 수 있어요. **뉴스는 한쪽으로 치우친 생각, 즉 편견이나 고정 관념을 담고 있으면 안 된다는 것이지요.** 안타깝게도 현실은 그렇지 않은 경우가 많아요. 뉴스를 만드는 사람의 개인적 편견이 작용하기도 하고, 사회적인 고정 관념이 숨겨져 있기도 해요.

2003년 2월 18일 대구 지하철 1호선에서 불이 났어요. 달리는 지하철 안에서 누군가가 기름을 뿌리고 불을 지른 거예요. 불은 빠르게 번졌고, 가까운 지하철역까지 불길에 휩싸이면서 192명이나 죽었어요. 이 불은 50대 남성 김모씨가 지른 것으로 밝혀졌어요. 김씨는 뇌 병변이라는 정신 장애를 안고 있었던 사람이었지요. 미디어는 '정신 질환자가 지하철에 불을 질렀다.'라는 뉴스를 앞다투어 내보냈습니다.

이 뉴스는 두 가지 문제가 있었어요. 먼저 정신 장애와 정신 질환은 엄연히 다른 것인데 이를 구분하지 않았다는 것, 그리고 정신 장애 또는 정신 질환이 김씨가 불을 지르는 데 어떤 영향을 미쳤는지 드러나지 않았는데 정신 질환 때문에 불을 지른 것처럼 뉴스를 꾸민 것도 잘못이에요. '정신 질환자는 위험한 행동을 하는 사람'이라는 편견이 작용했기 때문이지요.

이런 뉴스가 쏟아지자 전국의 정신 질환자뿐 아니라 정신 장애인, 심지어 신체 장애인까지도 한동안 바깥출입을 못 하는 사태가 벌어졌어요. 장애인이 보이기만 하면 사람들이 피하거나 손가락질을 해 댔기 때문이에요. 모든 정신 질환자가 불을 지르거나, 불을 지르는 사람이 모두 정신 질환자가 아닌데 이런 차이를 구분하지 않고 만들어진 뉴스를 사람들은 그대로 받아들였어요. 이처럼 뉴스가 객관성을 잃어버리게 되면 무서운 결과를 낳게 됩니다. 뉴스는 장애인과 정신 질환자뿐 아니라 여성과 노약자, 이주 노동자 등 주로 약자에 대해 편견을 갖고 있는 경우가 많아요.

뉴스는 어떤 관점에서 만들어지나
- 공정성과 프레임

뉴스는 객관적이고 공정해야 하지만 100퍼센트 객관적으로 사실을 전달한다는 것이 과연 가능할까요? 뉴스는 아무리 사소한 것이라도 만드는 사람의 생각과 해석이 담겨 있어요.

당장 어떤 것이 뉴스가 되는가를 판단하는 것부터 뉴스를 만드는 사람들의 생각에 따라 달라지지요. 어느 겨울에 눈이 5센티미터 내렸어요. 눈이 전혀 내리지 않았던 나라에선 이 소식은 엄청난 뉴스가 되겠지요? 그렇지만 눈이 아주 많이 내리는 추운 나라에선 이 정도의 눈 소식은 별로 중요하지 않을 거예요. 이렇게 5센티미터의 눈이 뉴스가 되는지, 안 되는지는 보는 사람마다 달라져요. 아무리 중요한 뉴스라도 미디어가 무시하고 보도하지 않으면 세상에 알려지지 않아요. 반대로 별로 중요하지 않은 것이라도 미디어가 자주 보도하면 사람들이 중요하게 생각하는 경향이 있어요.

뉴스가 어떤 관점에서 만들어졌는가도 중요해요. 노란 색안경을 쓰고 바라보면 세상이 온통 노란색으로 보이고, 빨간 색안경을 쓰고 바라보면 온통 빨간색으로 보이지요? 뉴스의 관점은

우리가 어떤 색안경을 쓰고 세상을 보는가와 비슷해요.

　뉴스의 관점은 밀가루 반죽을 어떤 틀에 넣어서 모양을 만드는가와도 비슷해요. 밀가루 반죽을 동그란 틀에 넣고 누르면 동그란 모양, 네모난 틀에 넣고 누르면 네모난 모양이 나오는 것과 마찬가지 원리지요. 그래서 **뉴스의 관점은 영어로 '틀'이라는 뜻인 '프레임(frame)'이라고 부르기도 해요.**

　예를 들어 볼까요? 여러분의 친구 명수와 철희가 싸웠어요. 명수는 키가 크고 힘도 센데, 철희는 몸이 작고 힘도 약해요. 명수는 키 작은 철희를 자주 놀리고 괴롭혔어요. 참다못한 철희가 명수에게 달려들자, 명수는 주먹을 날렸어요. 여러분이 나서서 말리기 전까지 둘은 엉겨 붙어서 싸웠지요. 철희는 명수에게 얻어맞아 코피가 나고 멍이 들었지만 명수는 살짝 긁히기만 했어요.

여러분이 명수와 철희의 관계를 알고 있고, 싸움을 모두 지켜보았다면 다른 친구에게 어떻게 말해 줄까요? "힘센 명수가 약한 철희를 놀렸고, 철희가 반항하자 심하게 때리기까지 했다."라고 할 건가요? "힘센 명수가 철희를 놀린 것은 잘못이지만, 대화로 문제를 풀지 않고 싸움을 건 철희도 잘못이다."라고 할 건가요? 아니면 "명수가 철희를 좀 놀리기는 했지만 장난이었고, 철희는 두들겨 맞을 게 뻔한데도 명수에게 싸움을 걸었다."라고 할 건가요?

세 가지 모두 눈에 띄게 거짓말을 한 것은 없어요. 그렇지만 어떤 관점에서 보느냐에 따라 전혀 다른 이야기가 만들어졌어요. 이렇게 모든 뉴스는 그 뉴스를 만들어 낸 미디어의 관점이 녹아들어 있다는 사실을 잊으면 안돼요. 어떤 뉴스가 특정한 관점으로 만들어졌다고 해서 나쁜 것은 아니에요. 관점이 없는 뉴스가 만들어질 수는 없기 때문이에요. 다만 그 프레임이 공정하고 객관적인가가 중요하지요.

뉴스의 분류

텔레비전이나 신문 같은 전통적인 미디어는 뉴스 가치가 가장 높다고 생각하는 뉴스를 맨 앞쪽이나 가장 눈에 띄는 자리에 배치합니다. 그날 일어난 일 가운데 시청자와 독자들의 눈길을 가장 끌 만한 것, 그리고 시청자와 독자가 반드시 알아야 하는 것들을 골라 앞쪽부터 순서대로 배열하는 것이지요.

세상에는 너무도 다양한 일들이 벌어지고 있고 사람들이 관심을 가지는 일들도 제각각이에요. 그리고 동일한 사건이나 사안에 대해서도 사람마다 생각이 다를 수 있어요. 각각의 매체들은 저마다의 시각과 입장을 가지고 사안에 접근을 한답니다. 그래서 어떤 특정한 신문이나 방송을 자주 보다 보면 알게 모르게 그 미디어가 갖고 있는 관점이나 주장을 받아들이게 되지요.

동일한 사건이나 사안을 전달하는 방식도 다양합니다. 쌀은 주로 밥을 짓는 데 쓰이지요. 그렇지만 쌀을 가지고 밥만 짓는 것은 아니에요. 똑같은 쌀을 가지고도 고운 가루로 만든 다음 반죽을 해서 찌면 쫄깃한 떡이 되지요. 밥을 지을 때보다 물을 훨씬 많이 넣어서 끓이면 죽이 되고요. 쌀을 뻥튀기 기계에 넣고 돌리면 고소한 튀밥이 되고요, 쌀을 버터와 함께 살짝 볶은 다음 뜨거운 육수를 넣고 끓이면 멋진 이탈리아 요리인 리소토가 됩니다. **이렇게 똑같은 사안일지라도 어떤 전달 방식을 선택하느냐에 따라서 뉴스의 모양이 달라져요.**

2016년 3월 9일 구글이 만든 인공지능 바둑 프로그램 알파고와 한국이 낳은 세계 최고 수준의 바둑 기사 이세돌 9단의 첫 대결이 벌어졌어요. 전문가들은 바둑은 게임 전개 방식이 너무나 복잡하기 때문에 제아무리 계산 능력이 뛰어난 컴퓨터라 하더라도 인간을 이기긴 어려울 것이라고 내다보았어요. 이세돌 9단도 자신이 이길 것이라고 자신했지요. 결과는 충격적이었어요. 알파고가 이세돌 9단을 꺾고 말았답니다.

전 세계 사람들이 지켜보는 가운데 진행된 첫 번째 대국 결과는 거의 모든 미디어를 타고 사람들에게 전해졌어요. 가장 먼저 '이세돌, 알파고에 지다'라는 제목을 단 **속보성(스트레이트) 뉴스**들이 전달됐어요. 속보성 뉴스는 이세돌 9단이 검은 돌을 잡고, 알파고가 흰 돌을 잡고 바둑을 뒀는데 186수 만에 이세돌 9단이 돌을 던지며 패배를 인정했다는 사실 위주의 뉴스예요.

다음은 **해설성 뉴스**가 따랐지요. 전체 경기가 어떻게 흘러갔는지를 설명하면서 이세돌 9단이 지고 만 이유를 알려 주는 뉴스랍니다. 비판 또는 비평을 하는 뉴스도 쏟아졌지요. 사실을 단순히 설명하는 데 그치는 것이 아니라 알파고와 이세돌 9단의 대결이 처음부터 이세돌 9단에게 불리했다거나, 이세돌 9단이 알파고를 너무 얕봤다거나 하는 비판적인 관점에서 만들어진 뉴스예요.

알파고와 이세돌 9단 사이의 승부라는 큰 사건에 비하면 곁가지에 불과하지만 사람들이 재미있게 여길 만한 **흥미성 뉴스**들도 많이 만들어졌어요. 이세돌 9단과 마주 앉아 인공지능 알파고가 시키는 대로 바둑돌을 놓는 역할을 한 대만인 프로그래머 아자황에 대한 이야기라든가, 이세돌 9단이 바둑을 두면서 물을 몇 잔이나 마셨으며, 그리고 이세돌 9단이 바둑을 두면서 고민을 할 때 손가락을 툭툭 치는 특이한 버릇이 있다든가 하는 이야기들은 모두 흥미성 뉴스들이지요.

미디어와 정치

정치가 작동하는 과정에서 미디어가 미치는 영향은 갈수록 커지고 있어요. 그래서 **현대 정치를 '미디어 정치'라고 부르기도 한답니다.**

사람들이 모여 사는 사회는 모두 크고 작은 다툼과 갈등이 있기 마련이에요. 사람마다 각기 처한 환경이 다르고, 좋아하는 것도 다를 수 있기 때문에 다툼이 있는 것은 당연하지요. 이러한 사람들 사이의 다툼과 갈등을 조정해 사회가 굴러갈 수 있게 하는 과정이 바로 정치예요.

어느 학급이 학기가 끝나는 날 간식을 준비해 파티를 하기로 했어요. 어떤 간식이 좋을지 토론이 벌어졌어요. 제일 먼저 피자를 먹자는 의견이 나왔지요. 이에 질세라 치킨을 먹자는 의견이 나왔어요. 아이스크림이 먹고 싶다는 친구, 과자를 먹자는 친구도 있었고요.

여러분이 흔히 겪는 이런 일이 사회에서도 매일 벌어지고 있답니다. 크게는 이웃 나라가 우리나라를 위협했을 때 전쟁을 무릅쓰고 맞서야 할지, 아니면 평화적인 해결 방법을 찾아야 할지, 작게는 도롯가에 가로수로 어떤 나무를 얼마나 심어야 할지까지 선택과 결정을 해야 할 것들이 많아요. 모든 시민이 결정해야 할 문제에 대해 아주 잘 알고 있는 경우도 있지만, 그렇지 못한 경우도 많아요. 예를 들어 나무에 대해 잘 아는 사람이라면 가로수로 벚나무를 심을지, 은행나무를 심을지 쉽게 선택할 수 있지만 모두가 나무에 대해 잘 알고 있는 것은 아니니까요. 정치 뉴스는 우리 사회가 결정해야 하는 중요한 것들, 그리고 의견이 서로 엇갈리는 것들을 알려 줌으로써 시민들이 올바른 판단을 할 수 있도록 돕고 있어요.

과거에는 갈등과 다툼을 조정하기가 요즘보다는 단순했지요. 왕과 몇몇 신하들이 모여서 결정을 하면 됐거든요. 그렇지만 주권이 시민에게 있는 민주주의 사회에서는 이렇게 할 수 없어요. 민주주의에서는 국가와 사회의 크고 작은 일들을 결정할 권한이 시민들에게 있답니다. 이

런 사회에선 모든 일에 대해 모든 시민이 함께 참여해 결정하는 것이 바람직하겠지요. 그런데 한 나라에 속한 시민들은 너무 많아요. 결정을 하려면 시간이 너무 많이 걸릴 수밖에 없지요. 그래서 현대 민주주의 사회에서는 정치인을 뽑아서 시민 개개인을 대신해 갈등을 조정하고 결정을 하도록 해요.

정치인들 뽑는 과정이 바로 선거예요. 미디어는 선거에서 결정적인 영향을 미치고 있어요. 정치 뉴스는 후보로 나선 사람들의 이력과 공약, 그들의 말과 행동을 시시각각 전달해요. 시민들은 그들이 주어진 역할을 제대로 할 수 있는 사람인지 판단할 때 언론에 많이 기대게 돼요. 정치인들을 속속들이 다 알 수는 없기 때문에 미디어가 전달해 준 뉴스를 보면서 판단을 하는 거예요.

미디어의 역할은 시민들이 정치인을 뽑는 선거 관련 보도에서 끝나지 않아요. 미디어는 정치인들에게 시민의 의견을 전달하고, 정치인들이 권력을 올바르게 쓰는지 감시해요.

미디어가 강력한 권한을 가진 정치인들의 잘못을 보도해 자리에서 물러나고 처벌을 받도록 한 사례도 많아요. 대표적인 예가 미국의 워터게이트 사건이랍니다. 1972년 6월 미국의 수도 워싱턴 시에 있는 워터게이트 호텔의 한 사무실에 수상한 사람들이 침입한 사건이 일어났어요. 미국 민주당이 사용하고 있던 사무실이었지요. 처음에는 좀도둑들이 일반 사무실을 털려다가 걸린 사소한 사건으로 알려졌어요. 그런데

텔레비전 선거 토론과 선거 광고

오늘날의 정치는 한마디로 미디어 정치다. 특히 텔레비전이 중심이 되어 이루어지므로 이를 텔레비전과 민주주의(Democracy, 데모크라시)의 합성어인 '텔레크라시(Telecracy)'라고도 부른다. 텔레비전을 이용한 연설과 광고, 그리고 후보자간의 합동 토론회 등을 통해 후보자들은 적은 비용으로 유권자들을 만날 수 있으며, 유권자들이 합리적인 선택을 끌어내는 데 도움을 주게 되었다. 후보자 연설과 광고는 미리 준비된 선전이므로 유권자가 후보의 진짜 모습을 파악하기는 어렵다. 하지만 텔레비전 토론은 후보자가 한데 모여 자신들이 펼칠 정책을 놓고 대결하는 자리여서 후보 개개인의 정치적 자질이나 정책 실현 가능성을 비교할 수 있는 기회가 된다. 우리나라는 1997년에 대통령 선거에 출마하는 후보자들의 텔레비전 토론을 선거법으로 의무화한 데 이어 2000년에는 시도지사 선거에서도 텔레비전 토론을 하도록 법으로 규정했다.

사실은 당시 미국 대통령이던 닉슨 대통령 쪽에서 선거에서 이기기 위해 민주당을 도청하려 했던 음모가 숨어 있었지요. 미국 신문 〈워싱턴포스트〉의 기자 밥 우드워드와 칼 번스타인은 끈질긴 취재를 통해 이 같은 비밀을 신문에 보도했어요. 이 때문에 닉슨 대통령은 1974년 8월 대통령직에서 물러났답니다.

2017년 3월 10일 박근혜 대통령이 탄핵돼 물러난 단초도 미디어가 제공했어요. 탄핵은 맡은 임무를 제대로 하지 못하거나 불법을 저지른 공직자에게서 직무와 권한을 빼앗는 것을 말해요. 아무런 권한도 없는 사람이 대통령 뒤에 숨어서 비리를 저지르고 있다는 의혹이 처음 제기됐을 때 박 대통령은 말도 안 되는 소리라면서 부인했어요. 하지만 그 증거가 담긴 태블릿 PC가 방송을 통해 보도됐어요. 성난 시민들은 촛불집회를 열어 항의했어요. 이후 진행된 수사에서 의혹은 대부분 사실로 드러났고, 박 대통령은 대한민국 역사상 최초로 탄핵됐답니다.

미디어와 경제

'아는 것이 힘이다.'라는 말은 이미 들어서 잘 알고 있을 거예요. 영국의 철학자 프랜시스 베이컨은 '자연에 대한 지식을 충분히 쌓아야만 인간은 비로소 자연을 지배할 수 있다.'라는 뜻으로 이 말을 했다고 해요.

오늘날에는 '아는 것이 돈이다.'라고 할 수 있지요. 많은 정보를 정확하고 빠르게 접할 수 있는 사람은 돈을 벌 수 있는 기회를 많이 잡을 수 있다는 뜻이에요. 반대로 잘못된 정보를 믿거나, 정보를 빠르게 접하지 못하는 사람일수록 손해를 볼 가능성이 높아지기도 해요. 정보를 빠르게 전달하는 중요한 역할을 하는 것이 바로 미디어입니다. 미디어를 통해 전달되는 뉴스는 모두 크고 작은 정보를 담고 있어요.

예를 들어 엄청난 강도의 태풍이 우리나라를 향해 오고 있다고 쳐요. 이 태풍은 아주 강력하기 때문에 가까이 다가올수록 많은 비가 내리고 거센 바람이 불겠지요. 만약 며칠 뒤 거센 비바람이 몰아칠 거라는 소식을 들으면 여러분은 맨 먼저 무엇을 할까요? 주말에 가족 또는 친구와 함께 놀이동산에 놀러 가기로 했는데 혹시 못 가게 되지는 않을까 걱

정을 하겠지요. 놀이동산이 아예 문을 열지 않을 수도 있어요.

이 외에도 비바람이 많이 불면 여러 가지 일들을 예상할 수 있어요. 그리고 이런 것들은 모두 경제와 관련이 있지요. 우선 과수원의 과일들이 익기도 전에 바람에 떨어지거나, 밭 작물이 빗물에 잠겨 못 먹게 될 수 있어요. 과일이나 채소가 태풍 때문에 피해를 입으면 그만큼 공급이 줄어 가격이 오르겠지요? 과일이나 채소 가격이 오르기 전에 필요한 과일이나 채소를 미리 사 둔다면 돈을 절약할 수 있을 거예요. 한발 더 나아가 과일이나 채소를 싼 가격에 사 뒀다가 가격이 올랐을 때 내다 팔면 더 큰 이득을 얻을 수도 있을 거고요. 이렇게 태풍이 언제쯤 올 것이라는 뉴스를 빨리 접한 사람은 대비를 함으로써 돈을 절약할 수도 있고, 돈을 벌 기회를 잡을 수도 있답니다.

어느 분야에 일자리가 많이 늘어나거나 줄어들고 있다는 뉴스, 어떤 기업이 신제품을 만들어 팔기 시작했다는 뉴스, 사람들 사이에서 어떤 제품이 큰 인기를 끌고 있다는 뉴스도 모두 경제 뉴스에 해당돼요. 어디에 가면 값싸고 질 좋은 물건들을 살 수 있는지 등의 정보를 알려 주니까요.

미디어가 정치 권력자들의 행동을 감시하는 것처럼 경제 영역에서도 정부나 거대 기업의 행동을 감시하는 역할을 해요. 어떤 과자가 가격은 그대로이지만 양이 몰래 줄어든 경우, 어떤 제품을 만들어서 판 회사가 그 제품에 문제가 생겼는데도 나 몰라라 하는 경우, 큰 기업이 자신보다 작은 회사가 개발한 소중한 기술을 힘을 앞세워 헐값에 빼앗은 경우 등등 문제가 될 만한 상황이 있다면 매스미디어는 이를 사람들에게 알려서 비판을 받게 하지요.

미디어와 사회

성경에는 '하늘 아래 새로운 것은 없다.'라는 말이 나와요. 기자들은 이 말을 응용해 '하늘 아래 새로운 뉴스는 없다.'라는 말을 하지요. 새로운 소식을 뉴스라고 하는데 뉴스라는 것도 사실 잘 찾아보면 예전에 이미 있었던 일일 가능성이 높다는 것이지요. 이 말은 반대로 과거에 있었던 일이 반복됐더라도 뭔가 새로운 요소가 가미되면 뉴스가 된다는 뜻이기도 하답니다. 기본적으로 뉴스는 우리 사회 곳곳에서 어떤 일들이 벌어지고 있는지를 전달해요. 사건·사고는 아주 옛날부터 뉴스의 주요 소재였고, 지금도 마찬가지예요.

『톰 소여의 모험』, 『허클베리 핀의 모험』을 쓴 미국의 소설가 마크 트웨인은 젊은 시절 여러 가지 직업을 가졌었는데 한때는 기자로도 일했어요. 트웨인은 자서전에서 기자로 일하던 시절의 일상을 설명했어요. 그는 매일 아침 경찰서에 가서 전날 일어난 싸움을 취재하고, 법원에 가서 전날 내려진 판결이 무엇이 있는지 찾아봤다고 했어요. 그런 다음 소방서를 찾아가 불이 난 곳은 없는지 살폈다고 해요. 이런 것들이 모두 기삿거리가 됐거든요.

오늘날에도 미디어들은 강도·살인 사건, 화재와 교통사고 등 사건·사고 소식을 중요하게 전달합니다. 그날의 ·사고 소식만 따로 모아 놓기도 해요. 그래서 사건·사고 소식을 담당하는 기자들의 일상은 마크 트웨인이 기자로 일하던 150여 년 전과 크게 다르지 않아요.

미디어가 전달하는 뉴스가 이렇게 단순한 사건·사고만 있는 것은 아니에요. 미디어는 사회가 변해 가는 모습을 전달해요. 숲속에 들어가 있으면 전체적인 숲의 모습을 알아내기 어려운 것처럼 우리는 모두 사회 속에서 살지만 우리 사회가 변해 가는 방향을 한눈에 모두 파악하기가 쉽지 않지요. 그런데 마치 높은 산에 올라가서 내가 사는 마을의 모

습을 그리거나 사진으로 찍은 것처럼 우리 사회가 변화하는 모습을 보여 주는 뉴스도 있지요.

요즘 우리나라가 안고 있는 심각한 고민 가운데 하나는 사람들이 아이를 낳는 것을 기피하는 저출산과 사람들의 평균 나이가 높아져 가는 고령화 현상이에요. 그렇지만 이런 현상은 어지간해선 한눈에 들어오지 않지요. 대신 우리는 출산율이 줄면서 산부인과 병원이 어려움을 겪고 있다든지, 노인들이 늘어나면서 노인들을 위한 상품들이 잘 팔려 나간다든지 하는 뉴스를 보면서 우리 사회가 어떤 방향으로 나가고 있는지를 짐작할 수 있답니다.

미디어와 문화

정치와 경제, 그리고 사회에 관한 뉴스는 미디어가 전달하는 뉴스 가운데 중요한 부분을 차지하지만 이에 못지않게 빼놓을 수 없는 분야가 있어요. 문화와 예술, 그리고 스포츠와 오락에 관한 뉴스랍니다.

미디어는 무수히 쏟아져 나오는 문화 예술 작품과 소비자를 연결해 주는 통로예요. 새로운 영화나 음악, 또는 책이 나왔을 때 미디어는 재빠르게 그 소식을 취재해 뉴스로 내보내요. 특히 유명하고 인기 있는 연예인이나 예술가가 새로운 작품을 내놓았을 때는 경쟁적으로 뉴스가 쏟아지지요. 사람들의 관심이 쏠리기 때문에 자연스러운 현상이에요.

미디어는 문화 예술과 소비자를 단순히 연결해 주는 것에 그치지 않아요. 문화 예술에 관한 뉴스는 보통 어떤 작품이 훌륭한지, 그렇지 않은지 나름의 평가를 담고 있어요. 기사를 쓴 기자가 스스로 평가를 하기도 하고 전문가들의 의견을 빌리기도 하지요. 이러한 뉴스의 평가 기능은 어마어마하게 쏟아지는 문화 예술 작품의 규모를 생각

하면 상당히 중요해요. 세계적으로 매년 영화가 3만 편, 책이 200만 권, 음반이 10만 장이 만들어진다고 해요. 아무리 영화와 책, 음악을 좋아하는 사람일지라도 이렇게 많은 작품들을 모두 감상한다는 것은 불가능해요. 따라서 미디어는 이렇게 많은 문화 예술 작품 가운데 어떤 작품이 관심을 가질 만한 것인지를 골라서 알려 주는 역할을 한답니다.

문화 콘텐츠라는 말이 있어요. 문화 예술 작품의 범위를 넓힌 것이에요. 문화 콘텐츠라는 단어의 범위는 매우 넓어서 앞서 말한 영화와 책, 음악, 미술은 물론이고 드라마, 다큐멘터리, 만화, 애니메이션, 대중음악, 뮤지컬, 오페라, 연극, 컴퓨터 게임까지 포함되지요. 전시 기획이나 테마파크, 축제 등도 문화 콘텐츠에 해당된답니다.

문화 콘텐츠는 경제적 가치를 창출하는 상품이에요. 창의력과 상상력을 바탕으로 문화유산, 생활양식, 창의적인 아이디어, 가치관 등의 문화적 요소들이 경험으로 녹아든 상품이지요.

바야흐로 현대는 삶이 곧 문화가 되고, 문화가 큰 경제적 가치를 만들어 내는 문화 시대라고 할 수 있어요. 예를 들어 영국의 작가 조앤 롤링은 『해리 포터』 시리즈로 전 세계에 이름을 알렸고 엄청나게 많은 돈을 벌어들였어요. 가수 싸이는 〈강남 스타일〉이 유튜브를 통해 인기를 얻으면서 엄청난 수익을 올렸다고 해요.

문화 콘텐츠는 단순히 돈으로 환산할 수 없는 가치와 문화를 확산시키기도 해요. 『해리 포터』를 통해 우리는 영국인들의 생활 방식과 영국 청소년들의 문화를 경험했어요. 싸이의 〈강남 스타일〉 뮤직 비디오는 서울과 한강의 모습을 세계인들에게 보여 줬지요.

세계 각국은 이런 문화 콘텐츠 산업의 무한한 잠재력과 가치에 주목해 문화 산업 확장에 온 힘을 쏟고 있어요. 미디어는 문화 콘텐츠의 유통과 확산 과정에서 무시할 수 없는 큰 역할을 하고 있답니다.

인기 연예인이나 스포츠 스타에 관한 소식도 미디어에서 항상 주목을 받는 뉴스지요. 인기 연예인이나 스포츠 스타의 말과 행동, 깜찍한 표정을 담은 사진, 옷차림까지 일거수일투족이 뉴스거리가 돼요.

어떤 연예인이나 스포츠 스타를 너무 좋아한 나머지 그 사람을 우상처럼 떠받드는 사람이나 그런 행동을 '팬덤'이라고 부르는데, 이 팬덤 현

tip

 **광고의 비밀**

텔레비전 광고에 나오는 아이스크림, 우유, 햄버거 등은 왜 실물보다 훨씬 신선하고 먹음직스러워 보일까? 기름이 지글거리며 노릇노릇 구워지는 바비큐나 맥주, 카푸치노 등의 풍부한 거품은 보기만 해도 침이 꼴깍 넘어간다. 그런데 알고 보면 이런 상품들의 이미지는 광고 작업을 통해 연출된다. 소비자의 식욕을 자극해 소비자가 사고 싶은 마음이 들게 하기 위해서다.

아이스크림은 진짜 아이스크림이 아니라 으깬 감자를 사용하며, 우유를 따를 때 생기는 뽀글거리는 거품은 실제로는 비누 거품이라고 한다. 숯불에 익어 가는 바비큐의 살짝 그을린 모습은 구두약을 발라 그을린 효과를 내주며 맥주나 카푸치노의 거품은 모두 달걀 거품이라는 것. 또한 맥주 광고에서는 실제 맥주가 아닌 사이다에 간장을 섞은 것을 사용한다고 한다.

'광고는 환상'이라는 말이 있다. 단 몇 십 초의 짧은 시간에 상품의 이미지를 전달해 소비자의 구매 욕구를 자극해 그 상품을 사게 만드는 것이 광고의 궁극적인 목적이다. 맥도널드 햄버거의 경우 매장에서 파는 햄버거와는 비교도 안 될 정도로 크고 먹음직스러워 보인다. 맥도널드 사는 실물을 보고 속았다는 느낌을 갖는 소비자들의 불만을 해소하기 위해 실제로 광고 사진이 만들어지는 과정을 공개해 눈길을 끌기도 했다.

여론 조작

매스 미디어의 가장 중요한 사명은 소비자에게 정확한 정보를 전달하는 것이다. 미디어를 통해 전달된 뉴스와 정보가 사람들의 생각과 판단에 큰 영향을 미치기 때문이다. 그렇지만 미디어의 영향력이 큰 만큼 특정 인물이나 집단이 여론을 자신들에게 유리하게 만들기 위해 미디어를 악용한 사례도 많다.

1923년 9월 1일 일본 간토 지방에서 큰 지진이 발생해 10만 명 이상이 죽고, 10만 채 이상의 건물이 파괴됐다. 엄청난 피해로 사람들이 불만이 커지자 일본 정부는 조선인들이 재난을 틈타 방화와 테러를 준비하고 있으니 주의하라고 각 경찰서에 지시를 내린다. 이 지시가 사람들 사이에 알려지면서 조선인들이 일본인들을 공격하려 한다는 소문들이 신문에 소개되기 시작했다. 근거 없는 소문이 확산되면서 조선인들에 대한 적개심도 불타올랐다. 일본 정부가 조선인들을 화풀이 대상으로 삼도록 교묘하게 조작한 것이었다. 이 때문에 많은 조선인들이 억울하게 죽었다.

현대에도 미디어를 통한 여론 조작은 매우 빈번하다. 여론 조작은 대체로 많은 정보를 가지고 있는 개인이나 단체가 정보를 선별적으로 내보내거나 사실과 다른 정보를 흘리면서 시작된다. 어떤 대기업이 잘못을 저지른 사실이 밝혀지면 곧장 신제품을 내놓거나 큰돈을 기부해 나쁜 뉴스를 무마하려는 것도 여론 조작의 일종이다. 정부도 국민으로부터 비판을 받을 만한 사실이 드러나면 이를 덮기 위해 적극적으로 다른 이슈를 제기한다. 긍정적인 이미지를 담고 있는 뉴스 또는 전혀 다른 뉴스를 적극적으로 제공함으로써 자신들에 대한 부정적인 여론이 커지는 것을 사전에 막는 것이다.

상도 시작은 보통 미디어에서 출발해요. 팬덤은 자신이 좋아하는 대상을 향해 에너지를 발산하는 긍정적인 면이 있지만, 너무 지나쳐서 해당 연예인을 과도하게 따라다닌다든지, 그 연예인을 비판하는 사람 또는 그 연예인과 경쟁 관계에 있는 연예인을 좋아하는 사람을 공격하는 사건도 종종 일어나요. 미디어가 연예인의 사소한 개인적 일상까지 쫓아다니며 카메라를 들이대고 뉴스를 만들어 내는 것에 대한 비판도 커지고 있어요.

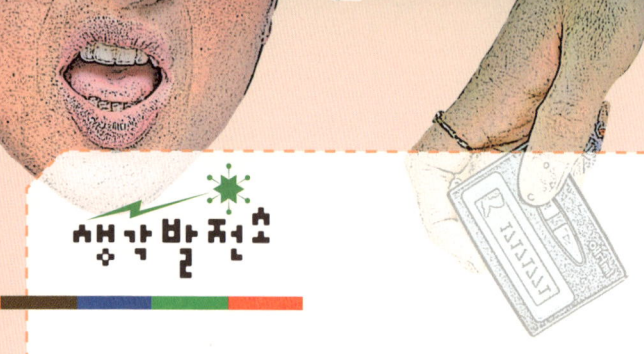

인터넷과 맞춤 광고

우리는 뉴스를 찾아보는 것 외에도 이메일을 보내고, 궁금한 것을 검색해서 찾아보며, 물건을 사는 등 다양한 방식으로 인터넷을 이용해요. 우리가 인터넷에서 한 행동들은 모두 기록이 남아요. 포털 사이트에서 어떤 단어를 검색했는지, 인터넷 쇼핑몰에서 어떤 물건을 구경했는지가 모두 기록된답니다. 우리는 대부분 공짜로 인터넷 포털이나 이메일을 사용하고 있어요. 공짜로 이런 편리한 서비스를 이용하는 대신 우리가 인터넷에서 하는 행동들이 기업들에게 돈벌이 재료가 돼요. 내가 인터넷에서 하는 활동들을 분석해 내가 어떤 사람이고, 어떤 생각을 하고 있으며, 어떤 것에 관심이 많은지를 알아낸 다음 이런 정보를 원하는 기업들에게 파는 것이지요.

예를 들어 내가 10대에게 인기가 높은 어느 걸그룹의 이름을 인터넷에서 검색했어요. 그리고 친구에게 보내는 이메일에 '학교', '시험' 같은 단어를 썼어요. 인터넷 서점에서 참고서도 샀어요. 이런 행동들은 내가 학교에 다니는 10대이며, 걸그룹에 관심이 많다는 정보들을 담고 있어요. 이런 사실을 알게 된 인터넷 회사들은 걸그룹에 관심이 많은 10대를 상대로 광고를 하고

싶어 하는 회사들에 내 정보를 넘겨줘요. 그래서 내가 인터넷에 들어가거나 이메일을 이용할 때마다 화면 한쪽 편에 10대에게 인기가 많은 게임이나 물건에 관한 광고가 많이 뜨게 되는 거예요.

실제로 세계 최대 인터넷 검색 엔진 구글은 사용자들이 검색하는 단어, 구글의 이메일 서비스인 지메일(Gmail)에서 사용한 단어들을 분석해 관심사에 맞게 광고를 보여 줘요. 내가 무심코 인터넷에서 검색한 단어가 나의 관심 사항이 되면서 그것에 관한 광고가 집중적으로 나에게 배달되고 어떤 물건을 사도록 은근히 설득하는 것이지요.

미국의 슈퍼마켓 체인인 '타겟(Target)'은 오래전에 고객들의 구매 패턴을 분석해 광고지나 쿠폰을 집으로 보내 주는 분석 기법을 도입했어요. 어느 날 중년 남성이 타겟을 찾아왔어요. 그는 화가 난 목소리로 딸에게 온 우편물을 보여 주며 이렇게 말했어요.

"이것 좀 보시오. 내 딸은 아직 고등학생이오. 그런데 당신들은 아기 옷과 기저귀를 싸게 살 수 있는 쿠폰을 보냈소. 내 딸한테 임신을 하라고 부추기는 거요?"

영문을 모르는 타겟 직원들은 미안하다고 사과를 했어요. 그런데 며칠 뒤 놀라운 사실이 드러났어요. 이 남성의 딸은 실제로 부모 몰래 임신을 한 상태였답니다. 타겟이 딸의 구매 패턴을 너무나도 정확하게 분석해 딸에게 육아 용품을 사라고 권유한 것이었지요.

Chapter 4

뉴미디어가 생겨나다

뉴미디어란 무엇일까?

'뉴미디어(New Media)'는 문자 그대로 새로운 미디어라는 뜻이에요. 어떤 것이 처음 등장하면 이전부터 있었던 것들은 낡은 것이 되듯이 새로운 미디어가 생겨나면 그것이 뉴미디어가 되고 이전에 있던 것들은 낡은 것이 되겠지요. 텔레비전이 앞서 발명된 라디오에 비해 새로운 미디어였던 것처럼 말이에요.

그렇지만 뉴미디어는 이처럼 '새롭다'는 일반적인 의미에 그치지 않아요. 뉴미디어는 20세기 후반 과학 기술의 발달에 힘입어 등장한 미디어 무리를 나타내는 말이에요. 뉴미디어는 전에는 따로따로 존재하던 여러 미디어를 하나로 통합하는 기술을 나타내는 말이기도 해요.

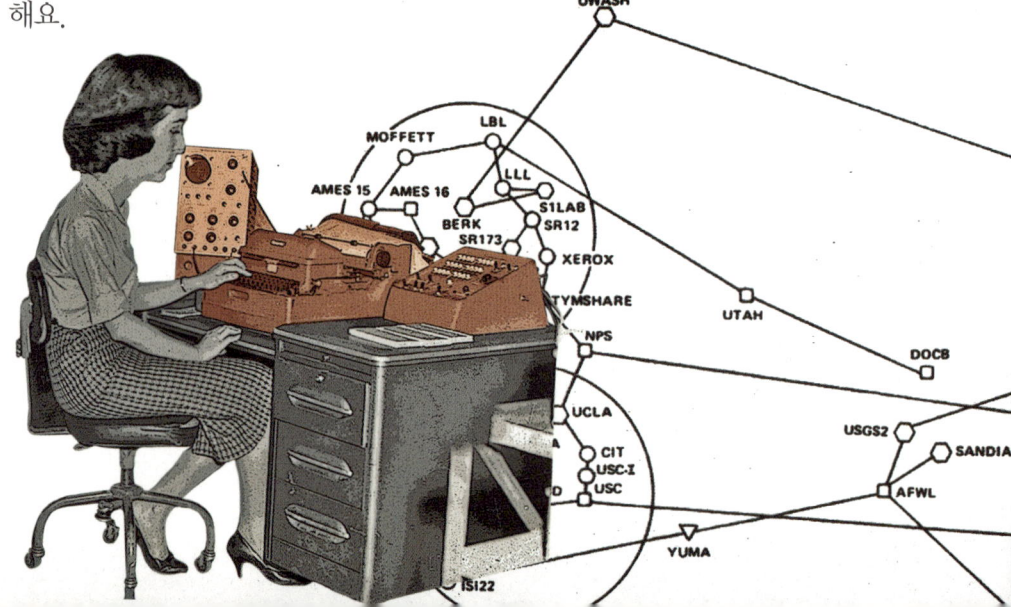

인터넷의 개념과 역사

20세기 후반에 등장한 '인터넷'은 전통적인 미디어의 모습을 완전히 바꿔 놓고 있어요. 신문, 방송 같은 전통 미디어는 문자, 음성, 영상, 음악, 그림 등 한두 가지 수단으로만 정보를 전달했다면 뉴미디어의 등장으로 여러 가지 수단이 결합된 정보를 전달할 수 있게 됐어요. 언제, 어디서나 빠른 속도로 정보를 주고받을 수 있다는 것도 뉴미디어의 특징이에요. 이러한 뉴미디어의 등장은 컴퓨터와 인터넷이 있었기에 가능했답니다. 인터넷 TV, 인터넷 홈페이지, 인터넷 게임, 스마트폰과 스마트폰 앱 등은 모두가 뉴미디어에 속하는 것들이지요.

그럼 이제부터 인터넷은 무엇이며, 어떻게 해서 시작되었고 발전했는지 인터넷의 역사에 대해서 알아보기로 해요.

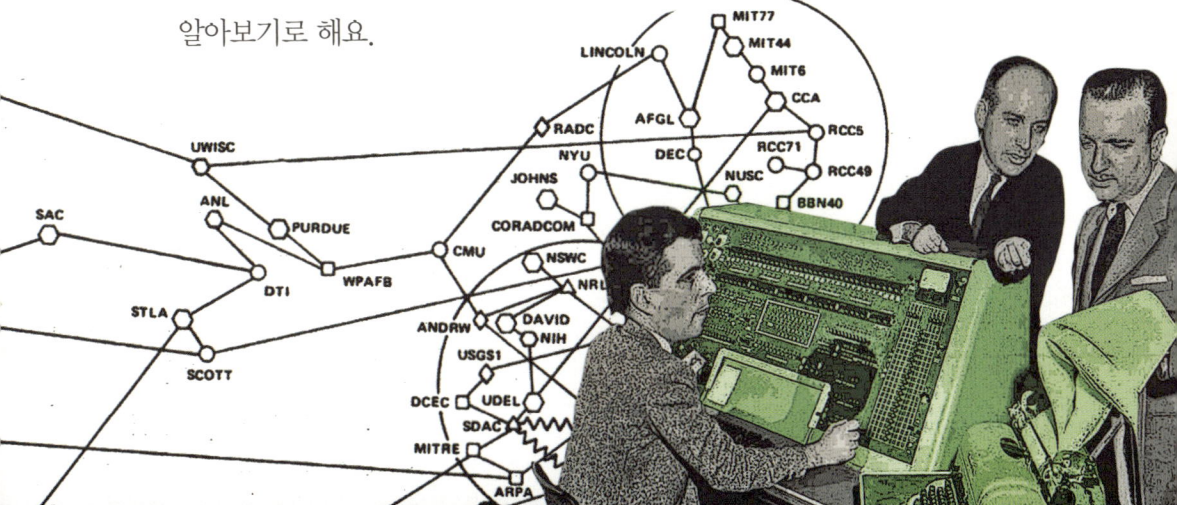

인터넷의 시초

1950~60년대 미국은 소련과 치열한 군사적 경쟁을 벌이고 있었어요. 소련이 1957년 10월 4일 세계 최초의 인공위성 스푸트니크 1호를 발사하자 미국은 큰 충격을 받았어요. 미국은 이듬해에 소련을 따라잡기 위해 '고등연구계획국(Advanced Research Projects Agency)'을 만들었어요.

아르파(ARPA)라고 불린 이 기관은 군과 대학의 전문가들에게 첨단 기술 연구를 맡겼어요. 전문가들은 멀리 떨어진 군과 대학에서 각각 연구 활동을 진행했기 때문에 각자가 갖고 있는 정보를 공유하는 것이 중요한 과제로 떠올랐어요. 그래서 각자의 컴퓨터망을 연결하자는 아이디어가 등장했어요. 멀리 떨어진 연구소에 설치된 컴퓨터망을 연결해서 각자가 가지고 있는 정보들을 자유롭게 주고받을 수 있게 하자는 것이었지요.

이 아이디어가 실제로 구현된 것은 1969년 10월 29일이에요. 로스앤젤레스에 있는 캘리포니아 주립대학교(UCLA)의 연구팀이 600여 킬로미터 떨어진 스탠퍼드 대학교 연구소(SRI)에 처음으로 메시지를 보내는 데 성공했어요. 오늘날 우리가 날마다 쓰고 있는 인터넷의 시초가 되는 아르파넷(ARPANET)이 등장한 거예요. 그래서 이날을 인터넷의 생일로 부르기도 한답니다.

인터넷의 개념

단순히 컴퓨터망을 연결한다고 정보를 주고받을 수 있는 것은 아니에요. 덩치가 큰 정보를 잘게 자르고, 보낼 순서를 정해 보낸 다음 도착한 쪽에서 다시 조합되는 방식을 정하는 등 여러 가지 규칙이 필요해요. 이 방식을 고안해 낸 사람이 '인터넷의 아버지'로 불리는 빈턴 서프와 밥 칸이에요.

'인터넷'이라는 이름으로 부르자는 아이디어를 낸 것도 이들이에요. 두 사람은 컴퓨터망을 연결하는 컴퓨터망, 즉 '네트워크의 네트워크'라는 뜻으로 '인터 네트워크(Inter Network)'라는 단어를 떠올렸고 줄여서 인터넷으로 부르자고 했지요. 군사 연구용으로 출발한 아르파넷은 1983년 순수 민간 연구용으로 분리되면서 본격적인 인터넷 시대를 열었어요.

인터넷을 사용하기 위한 도구인 컴퓨터 기술도 비약적으로 발전했어요. 1976년 스티브 잡스는 동료들과 함께 컴퓨터 회사 '애플'을 설립했어요. 애플은 개인들이 간편하게 쓸 수 있는 컴퓨터(PC)를 내놓았어요. IBM이라는 회사도 1981년 개인용 컴퓨터를 내놓으면서 본격적인 'PC 시대'를 열었어요. 컴퓨터는 원래 큰 기업이나 연구소, 대학 등이 사용할 수 있는 덩치 크고 값비싼 기계였는데, 작고 상대적으로 값싼 개인용 컴퓨터가 나오면서 일반인들도 컴퓨터를 사용할 수 있게 된 거예요.

이렇게 컴퓨터와 인터넷 기술이 발달하면서 사람들을 편리하게 해 주는 새로운 서비스들이 개발되기 시작했어요. 그리고 눈치가 빠른 사람들은 인터넷이 돈을 벌 수 있는 기회가 될 수도 있다는 것을 깨달았지요. 야후, 구글, 페이스북 같은 유명한 기업들 외에도 수많은 기업들이 생겨나고 있어요.

인터넷의 특징

인터넷의 등장은 미디어의 역사에 '혁명'과도 같은 변화를 가져왔어요. 전통적인 미디어는 정보를 전달하는 수단이 제한적이었어요. 예를 들어 신문은 활자와 사진, 라디오는 음악과 음성, 텔레비전과 영화는 동영상에 의존하고 있어요. 그렇지만 인터넷은 이 모든 것을 동시에 전달할 수 있어요. 인터넷으로 인해 여러 가지 미디어가 결합된 '멀티미디어'가 등장한 거예요.

인터넷에서는 정보를 보내고 받는 것이 거의 동시에 이뤄져요. 신문이나 방송 같은 전통 미디어들은 뉴스를 만들어서 독자와 시청자에게 보내려면 얼마간의 시간이 걸렸지만 인터넷에선 정보를 보내는 즉시 상대방이 받아 볼 수 있어요.

인터넷이 등장하기 전 사람들은 거대 언론사 기자들이 만든 뉴스를 일방적으로 받아들여야 했어요. 인터넷이 등장하자 독자와 시청자들도 뉴스에 영향을 미칠 수 있게 되었지요. 어떤 뉴스나 쟁점에 대해 실시간으로 의견을 나타낼 수 있게 되었거든요. 그동안 뉴스 공급을 독점해 오던 전통 미디어의 입장에선 위협적인 상황을 맞이한 것이지요. 그래서 전통 미디어들은 인터넷을 받아들여 새롭게 태어나기 위해 노력하고 있어요.

'하이퍼링크'라는 기능도 인터넷이 지닌 강력한 장점 가운데 하나예

> **tip**
> ### 한국 인터넷의 주요 발전사
>
> 인터넷은 미국에서 처음 개발됐지만 한국은 상당히 일찍부터 컴퓨터와 인터넷 기술을 적극적으로 도입하고 개발해 왔다. 1982년 5월 15일 서울대에 있는 컴퓨터와 경북 구미의 전자기술연구소에 있는 컴퓨터가 전용선으로 연결된 것이 국내 인터넷의 시초로 여겨진다. 1985년 한글로 이메일을 주고받는 프로그램이 개발됐다. 1986년 처음으로 국내 컴퓨터 네트워크에 고유 인터넷 주소인 IP 주소가 부여됐고, 한국을 나타내는 인터넷 주소인 kr도 부여됐다. 1990년 카이스트(KAIST)의 컴퓨터와 하와이대학교의 컴퓨터가 연결됐고, 1993년 국내 최초의 홈페이지가 등장했다. 1998년 초고속 인터넷을 사용할 수 있게 됐고, 2002년 초고속 인터넷 가입자가 1000만 가구를 넘어섰다. 인터넷 기술과 가입자의 폭발적인 증가로 인해 한국은 'IT 강국'으로 불리고 있다.

포털과 검색 엔진

인터넷을 편리하게 이용하기 위해서는 익스플로러, 크롬 같은 웹브라우저를 사용해야 한다. 웹브라우저를 통해 인터넷에 접속했을 때 이용자들이 필요로 하는 정보와 서비스를 모아 놓은 곳이 '포털(portal)'이다. 포털은 인터넷을 사용할 때 거치는 관문으로서 인터넷에서 사용자가 원하는 정보를 찾아 주는 '검색 엔진' 기능도 제공한다. 1995년 설립된 미국의 야후가 한때 세계 최대의 포털로 군림했으나, 현재는 구글이 세계 최대의 검색 엔진이다. 우리나라에서는 '네이버'와 '다음', '네이트' 등이 포털 서비스를 제공하고 있다.

요. 예를 들어 '내일 지구가 멸망하더라도 한 그루의 사과나무를 심겠다.'라는 문장이 있어요. 이 문장에 나오는 '내일', '지구', '멸망', '사과나무'라는 단어에 관한 추가 정보를 제공하고 싶다면 관련 정보가 있는 곳을 연결하면 돼요. 이렇게 하는 걸 '링크(link)'한다고 하지요. 글뿐 아니라 동영상, 음악, 그림, 파일 등 다양한 것들을 링크할 수 있어요. 이렇게 계속 링크를 해 나가다 보면 무한히 넓은 정보의 세계가 펼쳐지겠지요? 그게 바로 인터넷이에요.

이메일 주소의 @를 왜 '골뱅이'라고 부를까

이메일은 레이 톰린슨(Ray Tomlinson)이 1971년 개발했다. 그는 @ 표시가 들어가는 이메일 주소 체계도 만들었다. 이메일에서 @의 앞부분은 개인 고유의 주소이고 @ 표시의 뒷부분은 네트워크 이름이다. 그 사람이 살고 있는 동네 이름과 같은 뜻이다. 우리나라에선 '골뱅이'라고 부르는 @는 영어로는 장소를 나타내는 '앳(at)'으로 읽지만 특이한 생김새 때문에 나라마다 부르는 이름이 각각 다르다. 러시아 인들은 '작은 개', 독일인들은 '거미원숭이', 네덜란드 인들은 '원숭이 꼬리', 노르웨이 인들은 '돼지 꼬리'를 뜻하는 단어로 부른다. 그리고 이탈리아 인들은 '지렁이', 덴마크 인들은 '코끼리 코'로 부른다.

세계 최대의 인터넷 기업, 구글(Google)

구글은 스탠퍼드 대학교 대학원에서 컴퓨터 과학을 연구하던 세르게이 브린과 래리 페이지가 만든 회사다. 1998년 '백럽(BackRub)'이라는 이름으로 만들어졌다가 이름을 바꾸었다. 원래는 10의 100제곱을 뜻하는 '구골(Googol)'로 부를 생각이었으나 누군가가 선점한 바람에 비슷한 느낌이 나는 구글을 선택했다. 구글은 미국 전체 인터넷 검색의 3분의 2, 전 세계의 70퍼센트를 장악한 것으로 알려지고 있다. 인터넷에 접속하는 사람 10명 가운데 7명이 구글로 검색을 한다는 것이다.

인터넷이 가져온 뉴스 미디어 세계의 변화

인터넷은 미디어 세계에 엄청난 변화를 가져 왔어요. 정보가 전달되는 방식이 획기적으로 바뀌었기 때문이에요. 정보가 전달되는 속도와 양이 엄청나게 빨라지고 커졌어요. 예전에는 먼 곳에 사는 친구에게 편지를 보내면 며칠 뒤에 친구가 받아 볼 수 있었지만 이제는 이메일을 이용하면 지구 반대편에 있는 친구라도 즉시 받아 볼 수 있어요.

뉴스 생산과 소비의 변화

인터넷이 등장하면서 뉴스가 만들어지고 사람들이 뉴스를 소비하는 모습도 크게 바뀌었어요. 기존의 전통적인 미디어에서는 기자 또는 언론사가 뉴스를 만들어 정해진 시간에 보내 주면 독자 또는 시청자는 수동적으로 읽고 시청했어요. 대표적인 것이 종이 신문과 방송 뉴스예요. 신문사와 방송사는 기자들이 모아 온 정보 가운데 뉴스 가치가 높은 것을 골라 뉴스로 만든 다음 종이에 인쇄하거나 방송 뉴스로 만들어요. 이렇게 만들어진 뉴스는 아침에 독자들의 집과 사무실에 배달되거나 정해진 시간에 텔레비전을 통해 방송되지요. 인터넷이 없던 시절에는 독자와 시청자는 신문사와 방송사가 전달해 주는 뉴스를 받아 보기만 할 뿐 할 수 있는 것이 거의 없었어요.

인터넷이 등장하면서 뉴스가 만들어지고 전달되는 속도가 빨라졌어요. 예전에는 신문사는 신문을 하루에 한 번 또는 두 번 만들었어요. 방송국도 정해진 시간에만 뉴스를 틀었지요. 그러나 인터넷 홈페이지가 등장하면서 언론사들은 새로운 뉴스가 발생하거나, 기존에 내보냈던 뉴스에 변동 사항이 생기면 홈페이지에 올려둔 기사를 시시각각으로 업데이트를 하고 있어요.

단순히 뉴스를 읽고 시청하는 데 그쳤던 독자와 시청자의 모습도 바뀌었지요. 어떤 뉴스에 적극적으로 의견을 제시함으로써 뉴스 생산과 유통에 개입할 수 있는 길이 열린 거예요. 요즘 인터넷에 올라온 기사들은 모두 '댓글'을 달 수 있도록 돼 있어요. 어떤 댓글에 대해서 다시 댓글을 달 수도 있지요. 독자와 시청자들은 해당 뉴스에 대해 찬성 또는 반대하는 내용의 댓글을 달거나 그 뉴스에 사실과 다른 내용이 담겨 있을 때 그것을 지적할 수도 있어요. 경우에 따라 이런 댓글은 뉴스 그 자체보다 더 주목을 받기도 한답니다.

2015년 1월 10일 새벽 충북 청주시에서 어떤 남자가 차에 치이는 사고가 일어났어요. 사고를 낸 운전자는 달아나 버렸고 사고를 당한 남자는 그만 죽고 말았어요. 교통사고는 전국에서 많이 일어나기 때문에 언론은 이 사건에 크게 주목하지 않았어요. 뉴스 가치가 별로 크지 않다고 본 것이지요. 그런데 며칠 뒤 사고를 당한 남자가 화물차 운전기사로 일하며 임신한 아내를 정성껏 뒷바라지해 왔고, 사고 당시 부인에게 줄 크림빵을 사 가지고 집으로 가는 중이었다는 이야기가 인터넷에 올라왔어요. 이 소식을 접한 사람들은 '크림빵 아빠 사건'이라고 부르면서 '네티즌 수사대'를 꾸려 달아난 운전자를 잡자는 의견을 올리기 시작했어요.

인터넷에서 많은 화제가 되자 언론은 다시 이 사건을 조명했어요. 수많은 네티즌들은 경찰이 공개한 자료들을 바탕으로 단서들을 찾아 나갔고 결국 달아났던 범인은 19일 만에 자수했어요. 뉴스 미디어가 가볍게 생각했고, 경찰마저 범인을 놓쳐 버릴 뻔했던 사건을 뉴스의 소비자인 독자와 시청자들이 힘을 합쳐 해결한 대표적인 사례랍니다.

뉴스의 소비자에서 생산자로

인터넷은 독자와 시청자가 뉴스 소비자에 머무르지 않고 참여할 수 있는 길을 열어 주는 것에서 한발 더 나아가 독자가 곧 뉴스를 생산할 수 있는 시대를 열었어요. 요즘은 많은 사람들이 인터넷 뉴스 사이트 또는 개인 블로그에 자신이 쓰고 만든 뉴스를 올리고 있어요. 그중엔 전문적인 훈련을 받은 기자보다 더 훌륭한 기사들도 많아요.

2013년 7월 7일 아시아나 항공 소속 여객기가 미국의 샌프란시스코 공항에 착륙하는 과정에서 활주로에 추락하는 사고가 일어났어요. 활주

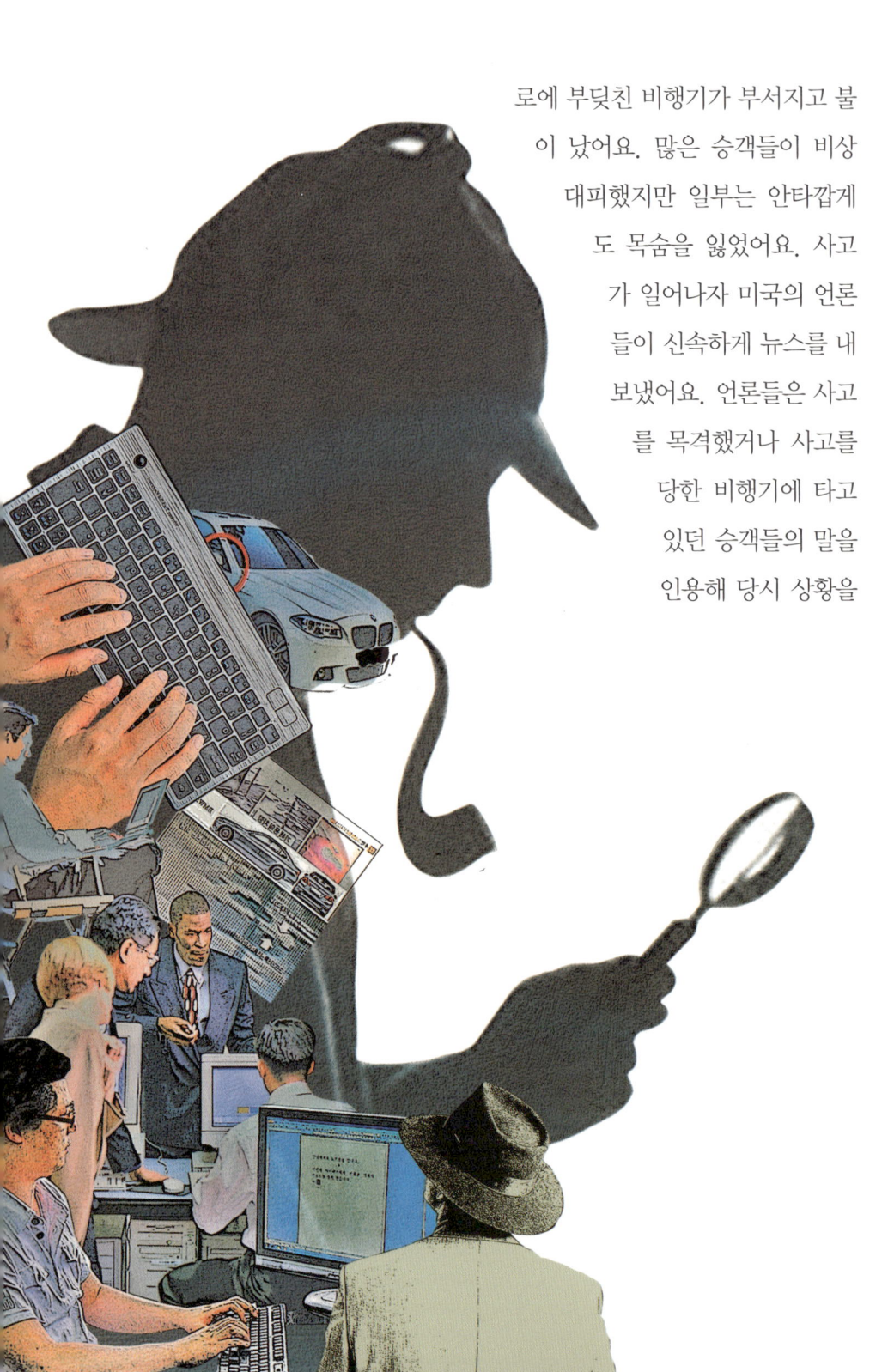

로에 부딪친 비행기가 부서지고 불이 났어요. 많은 승객들이 비상 대피했지만 일부는 안타깝게도 목숨을 잃었어요. 사고가 일어나자 미국의 언론들이 신속하게 뉴스를 내보냈어요. 언론들은 사고를 목격했거나 사고를 당한 비행기에 타고 있던 승객들의 말을 인용해 당시 상황을 설명했지요. 그런데 일부 목격자와 승객들은 자신이 경험한 일들을 글로 적어 직접 인터넷에 올렸어요. 사고 장면을 찍은 동영상을 인터넷에 올리기도 했지요.

한마디로 인터넷이 없었던 시절엔 불가능했던 이야기예요. 목격자나 피해자가 직접 올린 글과 동영상은 기자들이 취재해서 만든 뉴스보다 훨씬 더 생생했어요. 거대 언론사가 공들여 만든 뉴스보다 더 훌륭한 뉴스를 일반 시민이 만든 거예요. 이제 인터넷 공간에선 누구라도 자신만의 뉴스를 만들어 유통시킬 수 있어요. 물론 거대 언론사는 독자가 많고 권위가 있기 때문에 일반 시민이 올린 뉴스에 비해 많은 사람이 볼 가능성이 높아요. 그렇지만 누구라도 뉴스를 만들어 올릴 수 있다는 점에서 인터넷은 평등한 공간이에요.

인터넷의 도입과 뉴스 형식의 변화

인터넷이 등장하면서 뉴스의 형식도 바뀌고 있다. 전통적인 미디어에서는 육하원칙에 따른 딱딱한 기사체 문장과 형식이 자리를 잡고 있었다. 그러나 지면이나 방송시간이 제한된 전통 미디어와 달리 인터넷은 지면과 방송 시간에 제한이 없다. 그러다 보니 편지 형식의 기사, 높임말을 쓴 기사, 일기 형식으로 쓴 기사 등 다양한 형식이 시도되고 있고 인기를 끌고 있다. 말과 글뿐 아니라 만화나 그림, 음악, 동영상을 이용한 멀티미디어 기사가 늘고 있는 것도 인터넷 시대의 특징이다.

스마트 미디어라는 신세계의 등장

스마트 미디어는 무엇인가?

　처음 등장한 이후 오랫동안 인터넷은 컴퓨터를 인터넷망에 전선으로 연결해야만 사용할 수 있는 도구였어요. 컴퓨터를 전선에 연결하지 않고 무선으로 연결해 사용하는 무선 인터넷은 1970년대부터 개발됐지만 일반인들이 사용할 정도로 기술과 도구가 발전한 것은 1990년대 이후예요. 인터넷을 무선으로 이용할 수 있게 된 이후로도 인터넷은 여전히 PC나 노트북 컴퓨터 같은 컴퓨터를 통해서 사용하는 것이었지요.
　2007년 애플은 '아이폰'을 세상에 선보였어요. 아이폰은 기본적으로는 휴대 전화였어요. 아이폰이 나오기 이전에도 여러 회사들이 만든 다양한 휴대 전화가 있었어요. 그러나 인터넷 사용기능을 한층 강화한 아이폰은 '스마트폰'이라는 말을 유행시켰고, 뒤이어 다양한 스마트폰들이 쏟아져 나왔어요. 우리나라의 삼성전자도 '갤럭시'라는 스마트폰을 만들었지요. 아이폰과 갤럭시는 지금까지도 치열하게 기술 개발을 하면서 경쟁을 하고 있어요.

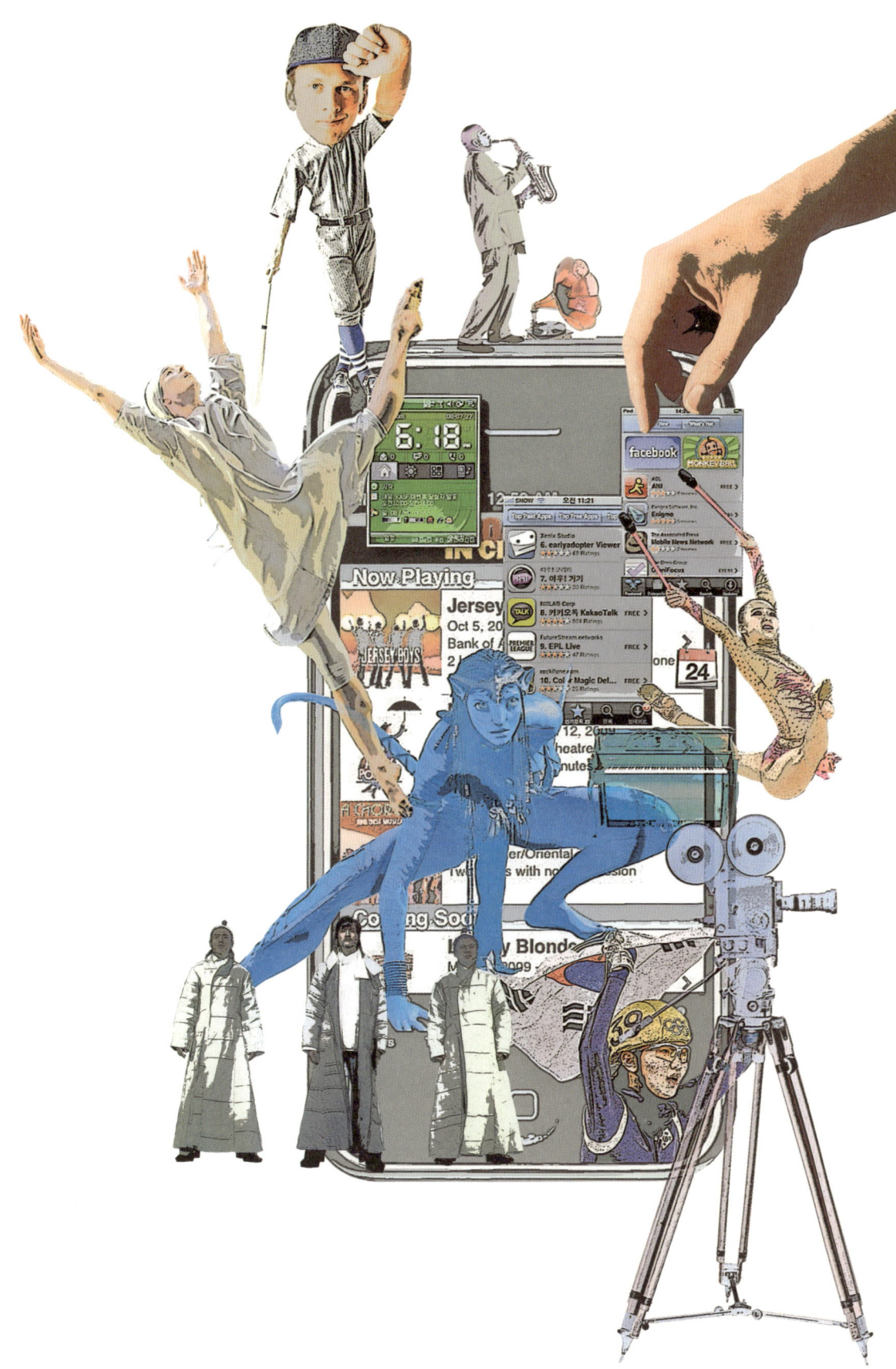

스마트폰은 똑똑하다는 뜻의 '스마트(smart)'와 전화기라는 뜻의 '폰(phone)'이 합쳐진 말이에요. '똑똑한 전화기'라는 뜻이지요. 기존의 휴대 전화는 기본적으로 통화 기능이 중심이었어요. 스마트폰은 전화기 기능이 중요하긴 하지만 기본적으로는 손안에 들어오는 작은 컴퓨터예요. 언제 어디서나 무선으로 인터넷에 접속할 수 있는 컴퓨터이지요. 실제로 사람들은 스마트폰으로 전화 통화를 하는 시간보다 인터넷 검색이나 음악 감상 등 다른 기능을 사용하는 시간이 더 많아요.

'스마트 혁명'은 스마트폰에 그치지 않고 더욱 넓고 다양한 세계의 변화를 불러일으켰어요. 본격적인 '스마트 미디어' 시대로 넘어간 것이지요. 여러분이 살고 있는 지금이 바로 스마트 미디어 시대랍니다. 사람들은 스마트폰에 이어 등장한 다양한 스마트 기기를 통해 시간이나 공간의 제약 없이 서로 의사를 소통하고 다양한 서비스를 제공받고 있어요. 스마트 TV와 태블릿 PC, 스마트 시계 같이 기존의 전자기기에 '스마트' 기능이 더해진 기계들이 속속 개발되고 있어요.

어느 주말 아침 아빠가 모처럼 온 가족이 야외로 나들이를 가자고 해요. 그런데 조금 있으면 미국 메이저리그에서 뛰고 있는 강정호 선수가 나오는 야구 경기가 텔레비전에서 중계될 거예요. 그리고 오후엔 내가 빠트리지 않고 챙겨 보는 예능 프로그램도 할 텐데 야외로 나들이를 갔다가 돌아오는 길에 차가 막히기라도 하면 이것마저도 못 보게 될지도 몰라요. 예전 같으면 눈치를 보다 볼멘소리로 아빠에게 이런 얘길 하면 "너는 간만에 아빠랑 나들이 가는 것보다 텔레비전 보는 게 더 좋냐?"라면서 꾸지람을 들을 게 뻔했어요.

스마트 미디어 시대엔 이런 걱정을 할 필요가 없어요. 차를 타고 가는 동안 스마트폰으로 강정호 선수가 나오는 경기를 스마트폰으로 볼 수 있어요. 놓쳐 버린 예능 프로그램이나 드라마, 영화는 스마트 TV로 언제든지 주문해서 볼 수 있어요.

이처럼 스마트 미디어가 도입되면서 스마트폰, 태블릿 PC, 스마트 TV 등 시간과 공간의 제약을 받지 않는 다양한 기기들을 사용할 수 있게 됐어요. 집이나 사무실같이 고정된 장소가 아니라 버스나 지하철 같은 대중교통 안이나 길거리, 심지어 화장실에서도 원하는 시간에 얼마든지 사용할 수 있지요.

스마트 미디어의 등장으로 쌍방향의 정보 유통이 더욱 강화됐어요. 뉴스와 콘텐츠의 생산자와 소비자의 구분이 없어졌답니다. 스마트 미디어는 신문과 방송, 통신 같은 전통 미디어가 결합되면서 더욱더 편리해졌지요.

스마트 미디어가 바꿔 놓은 우리의 일상

스마트 미디어는 마치 블랙홀처럼 우리의 일상생활을 빨아들이고 있어요. 우리 삶의 많은 부분이 스마트 미디어를 매개로 이뤄지고 있지요. 점점 스마트 미디어가 없는 삶은 상상하기 어렵다고 하는 사람들이 늘어나고 있어요. 다른 사람과 대화를 하면서도 수시로 스마트폰을 들여다보면서 페이스북이나 인스타그램 같은 소셜 미디어에 새로운 글이

나 사진이 올라오지 않았는지 확인하는 사람들을 쉽게 볼 수 있답니다. 바로 옆에 있는 사람과 대화를 할 때도 직접 말로 하기보다 카카오톡 같은 메신저를 사용하는 사람까지 생겼지요.

한 번도 가 보지 못한 장소를 처음 찾아가려면 예전엔 지도를 미리 찾아보거나 그 지역을 잘 아는 사람의 안내를 받아야 했지만 이제는 지

슈퍼컴퓨터와 베리칩

슈퍼컴퓨터는 계산 능력이 매우 뛰어나 많은 양의 데이터를 아주 빠른 속도로 처리할 수 있는 컴퓨터를 말한다. 속도도 빠르고 힘도 센 컴퓨터 세계의 '슈퍼맨'인 셈이다. 슈퍼컴퓨터의 선구자로 알려진 미국의 시모어 크레이는 1970~80년대에 자신의 이름을 딴 일련의 슈퍼컴퓨터를 선보였다. 슈퍼컴퓨터의 성능은 '플롭스(FLOPS)'로 측정하는데, 플롭스란 1초에 할 수 있는 계산 횟수를 말한다. 예를 들어 1기가플롭스는 1초에 10억 번, 1테라플롭스는 1초에 1조 번의 계산을 한다는 뜻이다. 기술이 발달하면서 슈퍼컴퓨터의 기준이 애매해지자 전문가들이 매년 컴퓨터의 성능을 평가해 500등 안에 드는 것들만 슈퍼컴퓨터로 인정하고 있다. 2016년 평가에서 1위는 중국이 만든 '선웨이(Sunway)'가 차지했다. 선웨이의 연산 속도는 93페타플롭스다. 1초에 9경 3000조 번 계산을 할 수 있다는 뜻이다. 이는 인간으로서는 상상조차 할 수 없는 연산속도다. 2016년 기준으로 중국이 가장 많은 167대의 슈퍼컴퓨터를 갖고 있고, 미국이 165대로 그 뒤를 이었다. 한국은 500등 안에 드는 슈퍼컴퓨터를 7대 보유하고 있지만 등수는 해마다 바뀐다.

베리칩(VeriChip)은 '확인을 위한 칩(Verification Chip)'이라는 뜻의 줄인 말이다. 현재는 '포지티브 ID(Positive ID)'로 이름이 바뀌었다. 1센티미터 길이에 1밀리미터 굵기의 작은 캡슐에 무선 송수신 기능이 담겨 있다. 2001년 개발돼 2004년 미국 식품의약품안전청(FDA)로부터 사람의 몸에 심는 것을 허가받았다. 이 칩을 몸에 심으면 신분증이나 신용 카드 등이 없어도 손쉽게 자신의 신원을 증명하고 금융 거래 등을 할 수 있다. 그렇지만 개인 정보 유출 우려와 '악마의 표식'이라는 종교적인 반감이 더해지면서 실제로 이것을 심은 사람은 그리 많지 않다. 미국에서는 애완동물 관리와 보호를 위해 이 칩을 심는 경우가 많다.

도 애플리케이션을 켜고 주소를 검색하기만 하면 스마트폰이 알아서 길을 알려 줘요.

내일 아침 날씨가 어떻고, 기온이 얼마나 될지 찾아보는 것은 식은 죽 먹기지요. 정해진 시간에 우리 동네 날씨를 알려 달라고 설정을 할 수도 있어요. 세종대왕이 몇 살 때 왕이 됐는지 궁금하다고요? 예전 같으면 도서관에 가서 조선의 역사를 다룬 책이나 세종대왕 위인전을 찾아봐야 했지만 이제는 어떤 사건의 발생 연도 같은 단순한 사실은 스마트폰으로 인터넷을 검색하면 금세 찾을 수 있어요.

신문, 방송 같은 전통적인 미디어가 만든 뉴스와 콘텐츠도 스마트 미디어가 흡수하고 있어요. 2014년 조사에서 한국 사람들

소셜 미디어(Social Media)의 의미

소셜 미디어란 사람들이 자신의 의견, 경험, 관점 등을 서로 공유하고 참여하기 위해 사용하는 온라인 툴을 말한다. 예를 들어 트위터, 블로그 등에서는 모든 사람들이 글을 올리고 읽으며 댓글을 달고 서로 소통하는데, 이것이 바로 소셜 미디어다. 다시 말해 글을 쓰는 사람과 읽는 사람의 구분이 없는 상호 소통이 가능한 미디어 서비스로, 지식과 정보를 생산하고 공유하고 소비할 수 있다. 신문, 방송 등의 전통적인 미디어는 정보의 유통이 제한적이며 상호 소통이 아닌 일방적이고 간접적인 전달에 그쳤다. 그러나 인터넷의 발전과 함께 소셜 미디어의 등장으로 누구나 콘텐츠를 생산하고 유통할 수 있으며, 과거의 일방적인 알림과 통지가 아니라 공유와 참여할 수 있는 세상이 된 것이다. 게임, 채팅, 메신저, 블로그, 카페, SNS(소셜 네트워크 서비스) 등이 모두 소셜 미디어에 해당된다. 아는 사람을 연결하면서 새로운 인간 관계를 엮어 가는 방식인 대표적인 소셜 네트워크 서비스인 페이스북도 소셜 미디어의 한 형태로 볼 수 있다.

은 종이 신문을 보는 데 하루 평균 10.4분을 쓰는 것으로 나왔어요. 그에 비해 인터넷을 사용하는 시간은 116.8분이었어요. 2010년 85.3분이었던 것이 4년 만에 30분 이상 늘어난 거예요. 2010년 168.7분이었던 텔레비전 보는 시간은 166.5분으로 줄어들었고요. 사람들이 스마트 미디어를 사용하는 시간이 늘어난 만큼 전통적인 미디어를 사용하는 시간이 줄어들고 있답니다.

원 소스 멀티 유스와 미디어 믹스

'원 소스 멀티 유스(one source multi use)'란 하나의 기본 콘텐츠를 가지고 게임, 만화, 만화영화, 캐릭터, 소설, 음반 등 여러 가지 문화 상품을 제작하는 것을 말한다. 영화 〈스타워즈〉의 경우 영화가 크게 히트하면서 이를 이용한 비디오, 도서, 게임, 캐릭터 상품, 장난감 등 다양한 상품이 쏟아져 나와 큰 수익을 올렸다.

이러한 원 소스 멀티 유스는 마케팅 비용을 줄여 주고 한 장르에서의 성공이 다른 장르의 문화 상품 매출에도 영향을 끼친다는 점에서 문화 콘텐츠 산업의 중요한 마케팅 전략으로 주목을 받아 왔다

이와 반대로 요즘은 '미디어 믹스'가 유행이다. 미디어 믹스는 다른 말로는 '멀티 유스 원 브랜드(multi use one brand)'라고도 한다. 하나의 문화 콘텐츠를 게임, 출판, 음반, 애니메이션 등으로 동시에 발표, 종합 상승효과를 겨냥한 새로운 마케팅 전략이다. 원 소스 멀티 유스가 기본 콘텐츠의 성공 이후에 파생 상품을 만들 수 있는 반면, 미디어 믹스는 이를 처음부터 동시에 전개시켜 나감으로써 종합적인 효과를 노릴 수 있어 더욱 큰 기대를 받고 있다.

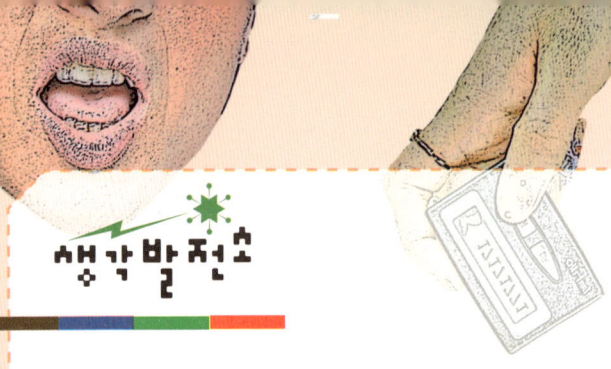

4차 산업 혁명 시대의 미디어

우리는 현기증이 날 정도로 빠르게 변화하는 시대에 살고 있어요. 사람들은 우리가 겪고 있는 이런 변화를 '4차 산업 혁명'이라고 부르기 시작했어요. 2016년 1월 스위스 다보스에서 열린 세계경제포럼(WEF)에서 처음 나온 말이지요. 18세기 말 증기 기관이 도입돼 기계가 사람의 노동을 대신하기 시작하면서 처음 산업 혁명이 일어난 이후 네 번째로 맞이한 거대한 혁명이라는 뜻이에요.

변화의 중심에는 컴퓨터와 인터넷 기술의 발달이 있어요. 세계가 인터넷으로 완벽하게 연결되고, 스스로 학습하고 작업할 수 있는 인공 지능이 등장하면서 인류 문명이 근본적인 변화를 맞이하고 있답니다. 산업 혁명 이후 기계가 물건을 생산하는 것은 널리 자리 잡았지만 지금까지 기계는 사람의 명령이 있어야 움직일 수 있었어요. 하지만 인터넷과 인공지능이 발달하면서 사람이 일일이 명령을 내리지 않아도 로봇 스스로 물건을 만들 수 있는 시대가 열렸어요.

4차 산업 혁명의 영향력은 물건 생산에 그치지 않아요. 이제 인터넷은 컴퓨터와 휴대 전화뿐 아니라 모든 물건에 부착돼 서로 정보를 주고받고 제

어할 수 있어요. 집 밖에 나와 있으면서도 집에 있는 에어컨이나 보일러를 켜고 끄는 일쯤은 식은 죽 먹기예요. 이런 것들은 모든 사물에 인터넷이 부착된다는 뜻에서 '사물 인터넷'이라고 불러요. 손목에 차고 있는 시계가 건강 상태를 점검해 이상이 있을 경우 곧바로 의사에게 알려 주는 '모바일 헬스 케어' 기술도 이미 개발됐지요.

현실에 존재하지 않는 가상의 이미지를 현실처럼 보이게 만드는 '가상 현실' 기술에 이어 현실에 가상의 이미지가 실제로 있는 것처럼 보여 주는 '증강 현실' 기술도 하루가 다르게 발달하고 있답니다. 안경으로 인터넷 검색을 한다거나 멀리 떨어진 곳을 들여다보고, 손목시계로 멀리 떨어진 친구를 불러내 얼굴을 보면서 대화를 하는 모습은 더 이상 SF영화에만 등장하는 장면이 아니에요.

미디어 세계에서도 인터넷과 인공 지능은 '뉴미디어'의 틀을 뛰어넘는 변화를 낳고 있어요. 대표적인 것이 로봇 기자입니다. 지금까지 정보를 수집하고 분석한 다음, 알기 쉽고 정확한 문장으로 옮기는 것은 너무 복잡한 작업이라 기계가 대신할 수 없다고 여겨졌어요. 하지만 인공 지능 로봇 기자는 이미 일기 예보나 스포츠, 교통 정보, 주식 시장 등에 관한 기사는 작성하고 있어요.

우리가 겪고 있는 이 변화가 어디까지 갈지는 아무도 몰라요. 그렇지만 여러분이 부모님과 같은 나이가 됐을 때 지금과 아주 많이 달라져 있으리라는 것만은 분명하지요. 여러분이 요즘 너무나 갖고 싶어서 부모님께 사 달라고 떼를 쓰는 최신형 휴대 전화는 머지않은 미래에 구석기 시대의 돌도끼 취급을 받을 거예요.

Chapter 5

착한 미디어와 나쁜 미디어

미디어가 변화하면
사람과 사람 사이의
의사소통 방식도 바뀐다

미디어 유토피아

미디어가 변화하면 사람과 사람 사이의 의사소통 방식도 바뀌게 됩니다. 인터넷의 등장으로 나타나기 시작한 의사소통 환경의 변화는 모바일 스마트 기기가 도입되면서 더 큰 변화를 겪고 있답니다. 손안에 작은 스마트폰 하나만 있으면 언제 어디서든 다른 사람과 소통이 가능해진 것이지요.

지식의 문턱이 낮아지다

세종대왕이 태어난 날, 서울의 넓이, 남산의 높이, 부산 지하철 요금, 동해안 해돋이 명소인 정동진의 내일 해 뜨는 시각, 아프리카에 있는 나라 앙골라의 수도, 오늘 있었던 프로 야구 경기에서 승리한 팀…….
인터넷이 등장하기 전 지식과 정보는 느리게 유통됐어요. 뉴스도 한 시간, 반나절, 하루, 일주일, 한 달 등 일정한 시간 단위로 전달됐지요. 라디오와 방송은 매 시각 뉴스를 전달하고, 신문은 전날 일어난 주요 뉴스들을 정리해서 한꺼번에 보여 주었어요. 주간지나 월간지는 일주일 또는 한 달 간격으로 발행됐어요. 신문이나 방송에 나오지 않는 역사적인 사실이나 지식은 백과사전이나 관련 책자를 들춰 봐야 찾을 수 있었답니다.

인터넷과 모바일의 등장으로 정보는 실시간 유통이 가능해졌어요. 지식과 정보에 접근하기 위한 문턱이 낮아진 거예요. 프로 야구 경기가 끝나자마자 경기 결과가 인터넷에 기록이 됩니다. 누가 홈런을 쳤는지, 승리 투수가 누군지도 알 수 있어요. 텔레비전을 보지 못했어도 음악 경연 프로그램에서 누가 승리했는지 금방 알 수 있어요.

서울이 얼마나 넓고, 남산이 얼마나 높은지도 스마트폰으로 인터넷에 접속한 다음 손가락으로 몇 번 터치하면 쉽게 알아낼 수 있어요. '올림픽'이 왜 올림픽으로 불리며, 언제부터 올림픽이 열리기 시작했는지, 누가 우리나라의 '어린이날'을 만들었는지 등을 알아내는 것도 식은 죽 먹기지요. 일본군 위안부 할머니 문제가 왜 생겨났으며 누구에게 책임이 있는지 같은 문제도 한번 찾아보세요. 이제 지식은 도서관의 두꺼운 책에만 갇혀 있는 것이 아니에요. 약간의 검색 실력만 있으면 누구라도 쉽게 찾아볼 수 있어요.

    정보를 소비하는 것뿐 아니라 정보를 만들어 내는 것도 쉬워졌답니다. 내가 알고 있는 지식, 내가 느낀 것들을 인터넷을 이용해 손쉽게 남들에게 전달할 수 있게 되었답니다. 게임을 좋아하는 친구들은 깨기 어려운 맵을 어떻게 하면 깰 수 있는지 인터넷에서 찾아본 적이 있을 거예요. 반대로 여러분이 깨기 어려운 맵을 깰 수 있는 비법을 알게 된다면 인터넷에 올려서 다른 친구들에게 힌트를 줄 수도 있어요.

    남들과 지식을 나누기 위한 목적으로 만들어진 프로그램이나 인터넷 웹사이트도 있답니다. 네이버의 '지식in'이나 온라인 백과사전인 '위키피디아' 같은 것이 대표적인 웹사이트예요. 지식in은 궁금한 질문을 올리면 그 질문에 대한 대답이나 힌트를 알고 있는 사람이 정보를 알려 주는 방식이지요. 위키피디아는 누구나 자유롭게 특정한 항목에 대해 글을 올리고, 수정하고, 편집할 수 있도록 돼 있어요. 2002년 시작된 지식in과 2001년 영어 버전으로 처음 시작한 위키피디아에는 수백만에서 수억 건의 정보들이 쌓여 있답니다.

공론의 장 확대

지식in이나 위키피디아는 때때로 부정확하거나 왜곡된 정보가 올라와서 문제가 되기도 해요. 누구나 자유롭게 정보를 올릴 수 있기 때문에 생기는 현상이지요. 하지만 이런 것들은 곧바로 정확한 정보를 알고 있는 다른 사람들에 의해 바로잡힌답니다.

이렇게 개인들이 서로 협력하거나 경쟁하면서 얻어진 지식, 지적인 능력을 '집단 지성'이라고 해요. '티끌 모아 태산'이라는 속담이 있듯이 개인들이 가진 지혜들이 모여서 아주 똑똑하고 현명한 지혜가 탄생한 것이지요. 인터넷 미디어가 그 통로 역할을 한 것이고요.

거대 언론사 또는 아주 유명한 사람만 자신의 이야기를 사람들에게 할 수 있는 것이 아니라 시민 개개인이 각자의 이야기를 할 수 있는 통로가 생기면서 뉴스의 가치도 달라졌어요. 여전히 방송이나 신문 같은 매스 미디어에서 보도한 기사들이 소셜 미디어 등 개인들이 사용하는 미디어에서 많이 유통되기는 합니다. 그러나 기존 매스 미디어가 알지 못하는 것들이 인터넷에서 중요한 이야깃거리가 된 다음 매스 미디어에 소개되는 현상도 자주 일어나고 있어요.

2011년 4월 유명한 한복 디자이너가 서울에 있는 유명한 호텔 식당에 들어가려다 제지를 당하는 일이 생겼어요. 평소 한복을 즐겨 입는 이 디자이너는 이날도 한복을 입고 있었는데 호텔 직원들이 한복 차림으로는 들어갈 수 없다면서 막은 것이지요. 이 소식은 소셜 미디어를 타고 알려지기 시작했고, 곧이어 사람들의 비난이 쏟아졌어요. 매스 미디어까지 나서서 이 소식을 뉴스로 보도했고, 해외 언론도 가세했어요. 결국 이 호텔 대표는 한복 디자이너에게 사과하고 '한복 입장 금지'를 없애겠다고 약속했어요.

인터넷과 소셜 미디어는 시민들이 정치적, 경제적으로도 큰 힘을 발휘할 수 있는 새로운 기회를 열어 줬어요. 옛날 같으면 정치권력을 가진 사람들이나 거대 기업들이 부당한 일을 저질러도 시민 개인이 맞설 수 있는 방법이 별로 없었어요. 권력자나 거대 기업의 목소리는 크고 힘이 있는 반면 시민 개인의 목소리는 너무 작고 힘이 없었기 때문이지요. 비슷한 일을 당한 다른 사람들을 찾아내기도 어려웠답니다.

인터넷은 시민들이 소통할 수 있는 통로를 폭넓게 열어 주었어요.

부당한 일에 분노하는 사람들이 자신의 목소리를 낼 수 있고, 뜻이 맞는 사람들을 찾아내서 힘을 합칠 수 있는 방법이 생긴 것이지요.

  2010년 말 아프리카 북부 튀니지에서 부패한 경찰의 노점상 단속으로 먹고살 길이 막막해진 20대 청년이 이를 항의하다가 분신자살을 시도하는 사건이 벌어졌어요. 당시 튀니지는 한 대통령이 24년째 나라를 다스리고 있었는데, 경제적으로 너무 가난한 데다 탄압과 부패도 심했어요. 정부는 이 사건이 알려지지 않도록 매스 미디어를 통제했지만 가족과 친척들에 의해 소셜 미디어를 통해 알려지기 시작했어요. 전국 각지에서 대통령을 비판하는 집회가 일어났어요. 결국 튀니지의 대통령은 이웃 나라로 쫓겨 갈 수밖에 없었지요. 이 사건은 튀니지의 나라꽃인 재스민에 빗대 '재스민 혁명'이라고도 불러요.

  민주화 운동은 튀니지에 그치지 않고 가까운 이집트, 리비아 등으로 번지면서 독재자들을 물러나도록 했어요. 이집트와 리비아도 매스 미디어를 철저히 통제했지만 개인들이 소셜 미디어에 시시각각으로 올리는 정보까지는 막지 못했지요.

사회적 유대의 확장

  매스 미디어는 뉴스와 정보를 일방적으로 제공해요. 내가 별로 관심을 가지지 않거나 나에게 중요하지 않은 것들도 섞여 있지요. 어떤 정보나 뉴스에 대해 다른 사람이 어떻게 생각하는지도 알 수 없답니다.

인터넷을 이용하면 내가 가장 관심 있는 정보와 뉴스를 상세하고 빠르게 찾아낼 수 있어요. 내가 알아낸 정보를 다른 사람에게 알려 주고, 다른 사람이 찾아낸 정보를 읽으면서 빠르게 정보를 확장시켜 나갈 수 있지요.

공통의 관심사를 가진 사람이 서로 아는 사이여야 할 이유는 없어요. 관심 있는 주제를 다루는 '인터넷 카페'에 가입하면 10대 청소년이건, 70대 노인이건 자유롭게 참여해 자신이 알고 있는 정보를 나누고 상대방으로부터 정보를 얻을 수 있습니다.

트위터나 페이스북 같은 소셜 미디어는 사람과 사람을 더욱 강력하게 연결해 준답니다. 좋아하는 인기 연예인의 팬 페이지에 들어가면 공통의 관심사인 연예인을 소재로 무궁무진한 이야기를 나눌 수 있어요. 새로운 게임이 나왔을 때에도 그 게임에 관해 토론하고 정보를 나눌 수가 있지요.

예전에는 내가 좋아하는 연예인을 텔레비전을 통해서나 볼 수 있지만, 지금은 그 연예인이 소셜 미디어에 올리는 것들을 통해 그가 오늘 무엇을 먹었고, 어떤 옷을 입었으며, 기분이 어떤지도 알 수 있어요. 그리고 내가 하고 싶은 말도 보낼 수 있어요.

모르는 사람과는 얼굴을 맞대고 이야기한다는 게 쉽지 않지요. 하지만 소셜 미디어를 이용하면 너무나도 자유롭게 나의 의견을 말하고, 상대방의 의견을 들을 수 있어요. 오프라인에서는 50~100명의 친구를 사귄다는 것이 그리 쉬운 일이 아닐 거예요. 그렇지만 소셜 미디어에서는 처음 친해진 친구, 그 친구와 친한 친구, 그 친구의 친구의 친구와 친해지는 식으로 아주 많은 친구들을 사귈 수 있어요.

디지털 네이티브(Digital Native)

디지털 네이티브는 개인용 컴퓨터가 대중화된 1980년대에 태어나 1990년 인터넷과 휴대 전화가 확산될 때 청소년 시절을 보낸 세대를 말한다. '네이티브'는 한 지역에서 태어나 살고 있는 '원주민'이라는 뜻이다. 디지털 네이티브는 휴대 전화, 문자 메시지, 인스턴트 메신저를 비롯해 최근 등장한 소셜 미디어를 거부감 없이 자유자재로 사용하며 자신을 적극적으로 표현하는 특징이 있다. 반면 디지털 시대 이전에 태어난 사람들을 디지털 이주민이라고 부른다. 디지털 이주민들은 어느 정도 성장한 이후에 디지털 사용 기술을 배운 사람들이다.

미디어 디스토피아

미디어 세계에는 뉴스와 정보, 이야깃거리가 무궁무진해요. 특히 스마트 미디어에는 뉴스, 동영상, 메신저, 게임 등 다양한 애플리케이션을 설치할 수 있어서 더욱 편리하고 재미있지요. 하지만 미디어에는 밝은 면만 있는 것은 아니에요. 미디어를 잘못 이용할 경우 나 자신은 물론 다른 사람에게까지 피해를 입힐 수 있어요.

미디어 중독

'인터넷 게임 중독은 질병', '게임 중독자 86시간 쉬지 않고 게임하다 숨져', '청소년 스마트폰 중독 위험 심각', '청소년 10명 중 3명, 하루 5시간 이상 스마트폰에 빠져 산다', '스마트폰 중독 연령 낮아져, 초등 4학년생 급증', '요즘 스마트폰, 부모-자식 갈등의 원흉'.

중독, 질병, 사망, 심각, 원흉. 하나같이 무시무시한 말들입니다. 달

콤한 사탕이나 초콜릿은 한번 먹으면 자꾸만 먹고 싶어지지요. 눈앞에 보이는 초콜릿이나 과자를 집어먹다 보면 어느새 없어지고 말아요. 텔레비전이나 인터넷, 스마트폰도 마찬가지예요. 텔레비전 채널을 이리저리 돌리면서 재미난 프로그램을 즐기다 보면 금방 시간이 지나가잖아요. 스마트폰 메신저나 인터넷 게임은 더하지요. 잠깐 한 것 같은데 어느새 한 시간, 두 시간이 훌쩍 지나가 버립니다.

　화려한 동영상과 음악을 동원한 뉴미디어는 사람의 눈과 귀를 잡아끄는 특성이 있어요. 박진감 넘치는 게임은 그 자체로 재미를 즐기도록 만들어졌어요. 계속 즐기고 싶은 생각이 드는 것은 당연하지요. 그렇다고 미디어를 한도 끝도 없이 붙잡고 있으면 어떻게 될까요? 미디어는 삶을 풍요롭게 하기 위한 도구인데, 되레 미디어가 우리의 삶을 위협할 정도가 되어서는 안 되겠지요.

2002년, 20대 남성이 86시간 동안 쉬지 않고 인터넷 게임을 하다가 숨지는 사건이 일어나 사람들을 놀라게 했어요. 이 남성은 PC방에서 인터넷 게임을 시작한 다음 사흘이 넘도록 잠도 자지 않고 컵라면을 먹으며 게임만 하다가 갑자기 쓰러져 숨을 거두었답니다. 인터넷 게임에 중독됐던 거예요. <mark>중독은 어떤 대상에 과도하게 몰입하거나 집착하고, 통제력을 상실한 상태를 말해요.</mark> 어떤 것에 중독된 사람은 자신은 물론 주위 사람들에게 나쁜 영향을 미치지만 그런 행동을 스스로 그만두지 못해요.

스마트폰이나 게임을 자꾸만 하고 싶은 마음이 든다고 해서 모두 중독인 것은 아니에요. 하지만 스마트폰을 이용하는 사람이 많아지면서 스마트폰 중독의 위험이 높아지고 있는 것도 사실이에요. 2014년에 정부가 조사한 내용을 보면 10~19세 청소년 가운데 스마트폰에 중독될 위험이 있는 사람은 29.2퍼센트로 나타났어요. 청소년 3명 가운데 1명 정도가 스마트폰에 중독될 위험에 처해 있다는 뜻이에요. 만 20세 이상 어른 가운데 스마트폰에 중독될 위험이 있는 사람이 11.3퍼센트인 것에 비하면 3배 가까이 높아요.

최근에는 카카오톡, 페이스북, 인스타그램 등 메신저와 소셜 미디어에 너무 심하게 집착하는 사람들도 나타나 걱정거리가 되고 있어요. 에세나 오닐이라는 호주 여성은 열두 살 때부터 소셜 미디어를 시작했어요. 그녀는 티끌 하나 없는 깨끗한 피부와 탄탄한 몸매, 화려한 의상을 입은 사진들을 인스타그램이나 유튜브에 올렸고 인기를 끌기 시작했어요. 마침내 오닐은 100만 명이 넘는 팔로워를 보유한 '스타'가 됐어요.

한번 사진을 올리면 수십만 명이 '좋아요'를 눌렀어요. 그런데 열아홉 살이 된 오닐은 2015년 11월 "소셜 미디어는 허상에 불과하다."면서 자신이 올린 사진과 동영상을 모두 지워 버렸어요. 그리고 자신이 인기를 위해 얼

나는 인터넷·스마트폰 중독인가?

한국정보화진흥원의 '스마트쉼센터' 홈페이지(www.iapc.or.kr)에 들어가면 내가 인터넷과 스마트폰에 중독됐는지, 중독될 위험이 있는지를 스스로 점검해볼 수 있다. '스마트폰의 지나친 사용으로 학교 성적이 떨어졌다', '스마트폰 사용 시간을 줄이려고 해 보았지만 실패한다' 등의 질문에 '전혀 그렇지 않다', '그렇지 않다', '그렇다', '매우 그렇다' 등으로 답한 다음 각각의 답변마다 다르게 주어진 점수를 합하는 방식이다. 스마트쉼센터 홈페이지에서는 인터넷과 스마트폰 중독을 스스로 예방할 수 있는 자료도 찾아볼 수 있으며, 전화나 인터넷을 통한 상담도 받을 수 있다.

마나 온라인의 '노예'처럼 살았는지를 털어놓았지요. 팔로워가 늘어나고 '좋아요'를 누르는 사람이 늘어날수록 더 많은 사람들에게 관심을 받아야 한다는 압박에 시달렸다는 거예요. 그리고 몸매가 좋아 보이는 사진을 찍기 위해 밥을 굶고, 의류 회사에서 돈을 받고 사진을 찍어 올렸다는 사실도 폭로했답니다. 오닐은 이렇게 소셜 미디어로부터 해방이 되는 길을 택했어요.

너무 많은 정보와 거짓 정보

인터넷에 들어가면 정보가 너무나 많아요. 구글에서 '과자'라는 단어를 한번 검색해 보세요. 3000만 건이 넘는 검색 결과가 나오네요. 과자

라는 단어는 너무 일반적이라고요? 그렇다면 '선덕여왕'이라는 단어를 검색해 보면 어떨까요? 선덕여왕에 대한 검색 결과도 무려 100만 건이 넘습니다. 네이버 지식in에서 '무한도전'이라는 단어를 검색해 보세요. 10만 건에 가깝습니다. 몇 가지 검색어를 더한다면 자신이 찾고자 하는 정보에 좀 더 가까워지면서 검색 결과는 줄어들 거예요. 그렇다 해도 엄청난 양의 정보가 눈앞에 나타나는 건 마찬가지랍니다.

이렇게 많은 정보는 어떤 사실을 풍부하게 알려 줄 수 있어요. 문제는 정보가 너무 많아서 우리가 이 정보를 모두 다 이해하고 판단할 수 없다는 것이지요. 수많은 형태의 정보들이 서로 주목을 끌려고 아우성을 치며 쏟아져 들어오면서 인간의 뇌가 처리할 수 있는 능력을 넘는 상태가 발생한답니다. 이처럼 감당하기 어려울 정도로 정보가 넘치는 상태에 놓이게 되면 사람은 오히려 판단력이 떨어지는 현상이 생겨요. 제아무리 맛있는 음식이 눈앞에 있더라도 너무 커서 먹고 소화하지 못하는 경우와 비슷하지요.

실수 또는 의도적으로 인터넷에 올라오는 거짓 정보도 심각한 피해를 낳아요. 사실이 아닌데도 그럴듯하게 꾸며진 거짓말은 너

가짜 뉴스와 미디어 교육

인터넷 미디어는 정보 유통의 시간적·공간적 제약을 허물어 사람들에게 많은 혜택을 가져다주었다. 하지만 인터넷 미디어의 빠른 정보 유통 속도를 악용해 사람들을 속이고 피해를 일으키는 현상도 늘어났다. 대표적인 것이 '가짜 뉴스'이다. 가짜 뉴스는 언론이 처음 등장했을 때부터 있었을 정도로 역사가 깊다. 과거에는 가짜 뉴스가 등장해도 퍼지는 속도가 느리다 보니 중간에 거짓이라는 사실이 드러나거나 영향을 미치는 범위가 좁았다. 그러나 인터넷의 등장으로 정보가 순식간에 퍼질 수 있게 됐고, 권위 있는 언론과 그렇지 않은 언론의 구분이 희미해지면서 가짜 뉴스의 파급력도 훨씬 커졌다.

가짜 뉴스가 큰 문제를 일으킨 최근의 대표적인 사례는 2016년 미국 대선이었다. 미국 대통령 선거에 출마한 도널드 트럼프와 힐러리 클린턴이 아주 치열하게 경쟁하면서 두 사람의 지지자들이 상대 후보를 깎아내리기 위한 가짜 뉴스를 인터넷 미디어에 쏟아 낸 것이다. 사람들은 그럴듯한 기사처럼 포장된 가짜 뉴스에 속아 넘어가기 일쑤였고, 이것은 트럼프 당선에도 상당한 영향을 미쳤다고 한다. 한국에서도 박근혜 대통령 탄핵 심판이 진행되던 2017년 초 탄핵을 반대하는 일부 시민들이 만든 가짜 뉴스 때문에 사회 문제가 되기도 했다.

이처럼 가짜 뉴스가 판을 치고 피해도 커지자 미디어를 통해 전달되는 정보를 제대로 읽어 낼 수 있는 능력을 키워 주는 교육의 필요성도 커졌다. 믿을 만한 정보와 의심스런 정보를 가려내는 법을 학교에서 가르쳐야 한다는 주장이 힘을 얻고 있다. 전문가들은 뉴스를 전달하는 매체나 사람이 믿을 만한지 확인하고, 뉴스의 내용을 뒷받침하는 증거가 제대로 제시됐는지를 따져 보는 것이 가짜 뉴스를 구별하기 위한 첫걸음이라고 조언한다.

무도 빠르게 퍼지기 때문에 돌이킬 수 없는 심한 피해를 발생시킨답니다.

2012년 2월 회원수가 100만 명이 넘는 육아 관련 인터넷 카페에 유명한 식당의 한 지점에서 겪은 일을 고발하는 글이 올라왔어요. 자신을 임신부라고 소개한 네티즌은 식당 직원을 '아줌마'라고 불렀다가 시비가 붙었다고 했어요. 그리고 식사를 마치고 나오는데 식당 직원이 뒤에서 머리채를 잡아당기고 배를 걷어찼다는 거예요. 이 사건 뒤 산부인과에서 아이에게 문제가 생길 수 있다는 진단도 받았다고 했어요. 식당 이름을 공개했기 때문에 네티즌들의 비난이 쏟아졌어요. 비난이 식지 않자 식당 본사는 공개 사과하고 해당 지점의 문을 닫겠다고 할 수밖에 없었지요.

그런데 며칠 뒤 깜짝 놀랄 일이 벌어졌어요. 식당 안에 설치돼 있던 CCTV에 찍힌 화면을 통해 먼저 욕을 한 것은 임신부였다는 사실이 밝혀졌어요. 더구나 임신부는 밥값을 내지 않고 나가 버렸어요. 머리채를 잡고 배를 걷어찬 것도 식당 직원이 아니라 임신부였답니다. 진실과 전혀 다른 내용을 임신부는 인터넷에 올렸고, 사람들은 거짓 정보에 놀란 것이지요. 해당 식당은 큰 피해를 입었고요.

사생활 침해와 사이버 폭력

페이스북, 트위터, 인스타그램 같은 소셜 미디어는 인터넷에서 친구뿐 아니라 모르는 사람과도 관계를 맺고 실시간으로 정보를 공유하면서 대화를 할 수 있도록 해 주어 큰 인기를 끌고 있어요. 전 세계에서 소셜 미디어를 사용하는 사람은 15억 명이 넘는다고 해요.

소셜 미디어를 이용하다 보면 일상생활을 찍은 사진이나 개인적인 일들을 많이 올리게 돼요. 그리고 생일이나 태어난 곳, 졸업한 학교 같은 정보를 공개할수록 많은 사람과 친구가 될 수 있기에 개인 정보를 공개하는 사람도 많지요. 하지만 무심코 공개한 개인 정보가 나쁜 마음을 먹은 사람들에 의해 악용될 수 있어요. 나도 모르는 사이 누군가가 나인 척하면서 인터넷에서 행세를 하고 다니는 사건도 종종 일어나요. 그래서 페이스북 같은 소셜 미디어에는 집주소나 전화번호, 지극히 개인적인 이야기 같은 것은 아예 올리지 않는 것이 좋아요. 이미 이런 정보를 공개했다면 지금이라도 삭제하거나 '비공개'로 바꾸는 것이 좋답니다.

일부러 우스꽝스러운 표정으로 사진을 찍은 다음 페이스북이나 카카오톡에 올리면 친구들이 깔깔대면서 좋아할지 몰라요. 그렇지만 그 사진이 나 자신의 의도와는 전혀 상관없이 전혀 엉뚱한 곳에서 사용될 수도 있어요. 그래서 전문가들은 인터넷에 사진을 올리기 전 지금 내가 올리는 사진이 신문 1면에 커다랗게 실려도 좋을지, 내 이력서 앞에 이 사진이 붙어도 좋을지 생각해 보라고 권한답니다. 두 가지 질문에 '그렇다'는 대답이 나오지 않는다면 인터넷에 올리지 않는 것이 좋다는 것이지요.

'사이버 폭력'도 인터넷 미디어의 심각한 부작용이에요. 사이버 폭력은 인터넷에서 일어나는 욕설과 언어폭력, 스토킹, 성폭력, 따돌림 같은 것들을 말해요. 단체 카톡방에서 한 친구를 심하게 놀리거나 욕을 하는 것, 의도적으로 같은 반 친구 가운데 한 명을 단체 카톡방에 부르지 않는 것, 친구가 소셜 미디어에 어떤 것을 올릴 때마다 따라다니면서 비아냥거리면서 부정적인 반응을 유도하는 것 등 다양한 형태가 있지요. 정부가 2015년 조사한 내용을 보면 초·중·고교생 10명 중 2명은 지난 1년 사이 사이버 폭력의 피해를 당한 적이 있다고 대답했어요. 그런데 흥미로운 것은 사이버 폭력을 한 적이 있다고 답한 학생들의 비율도 거의 같았어요. 상대방이 나에게 사이버 폭력을 가하니까 그에 보복하기 위해서 사이버 폭력을 가한 것이지요.

현실 세계에서의 폭력과 괴롭힘이 피해자에게 심각한 신체적, 정신적 상처를 남기듯 사이버 폭력도 똑같이 피해자에게 엄청난 상처를 남긴답니다.

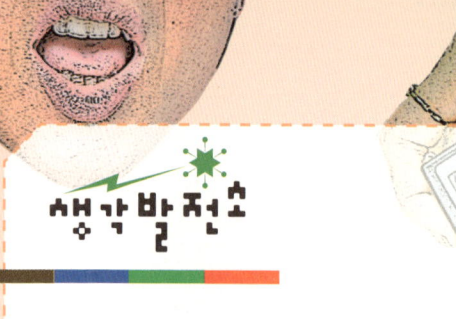

인터넷 언어, 세대 간 소통을 단절시키다

ㄱㄱ(GoGo, 가자), ㄱㄷ(기다려), ㄴㄴ(NoNo, 아니), ㄱㅅ(감사), ㅅㄱ(수고), ㅇㅋ(오케이, 좋아), ㅎㅎ(하하), ㅠㅠ(엉엉), 지못미(지켜주지 못해서 미안해), 안습(눈에 눈물이 고인다), 쩐다(대단하다), 지대(제대로)….

모두 인터넷이나 메신저 등에서 자주 사용되는 줄임말입니다. 통신을 위한 줄임말은 PC 통신이나 휴대 전화 문자 메시지 시절에 많이 등장했어요. 한 번에 보낼 수 있는 글자 수가 제한돼 있을 때 최대한 많은 내용을 압축해서 보내기 위해서 줄임말들이 많이 사용됐어요. 자주 쓰는 말인데 그때마다 손가락을 움직여 모든 글자를 다 입력하기 귀찮아서 줄임말을 쓰는 경우도 많지요. 친한 사람들끼리만 암호처럼 사용하기 위해 줄임말을 쓸 때도 있었답니다.

인터넷 줄임말은 우리만 쓰는 것은 아니에요. 다른 언어를 사용하는 사람들도 인터넷을 사용하는 사람들이면 저마다의 인터넷 줄임말들을 쓰고 있어요. 영어를 사용하는 사람들은 u(you · 너), plz(please · 제발), ur(your · 너의), ty(Thank you · 고마워), omg(Oh my god · 헉), sup(What's up · 뭐

해?) 같은 것들을 쓰고 있어요.

　사람들은 인터넷에서 줄임말 사용이 너무 많아지면서 언어를 파괴할 수도 있다는 걱정을 했어요. 인터넷에서 '지못미'나 'ㄱㄱ' 같은 단어를 너무 많이 쓰다 보면 일상생활에서도 이런 단어가 사용되고 나중에 가면 올바른 단어가 오히려 밀려날 수도 있다는 거지요. 그렇지만 우리나라에 인터넷이 본격적으로 도입되고 30년이 지났지만 인터넷 줄임말 때문에 우리말이 크게 훼손됐다는 증거는 별로 없습니다. 오히려 젊은 층의 기발한 아이디어가 인터넷 줄임말로 많이 표현되고 있다는 이야기가 나오고 있지요. 다만 인터넷 줄임말이 너무 빠르게 변하다 보니 세대 간 소통에 어려움을 겪는다는 문제점이 있어요.

　중요한 것은 각 세대가 자주 사용하는 줄임말이 있다는 것을 인정하는 것이에요. 어린이와 청소년들이 자주 사용하는 인터넷 줄임말을 부모님이 잘 모르듯이, 어린이나 청소년들은 부모님들이 자주 사용하는 줄임말을 잘 모를 수 있다는 것을 알아야 한다는 것이지요.

　그리고 인터넷이나 메신저가 아닌 학교 수업이나 발표 시간 또는 숙제나 보고서 같은 정중한 글에는 인터넷 줄임말을 쓰지 않는 것이 매우 중요해요. 인터넷 줄임말은 인터넷에서 쓸 때만 재치 있고 재미있는 것이지, 인터넷 바깥으로 나오는 순간 촌스러워지고 마니까요.

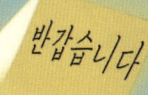

Chapter 6

미디어의
지혜로운 사용법

미디어를 지혜롭게 써야 하는 이유

세상의 모든 사물은 좋은 점과 나쁜 점을 모두 가지고 있어요. 예를 들면 부엌칼은 요리를 할 때 꼭 필요한 도구예요. 그런데 이 칼을 다른 사람을 찌르는 데 사용한다면 아주 위험한 물건이 되지요. 칼 자체가 바뀌는 것은 아니에요. 어떻게 사용하느냐에 따라 유용할 수도, 위험할 수도 있어요. 불은 음식을 익히고, 집을 따뜻하게 해 주지만, 잘못 다루면 우리의 생명과 재산을 위협하지요. 원자력은 전기 에너지를 만드는 데 사용되지만, 핵무기로도 사용될 수 있어요.

마찬가지로 미디어는 세상에 대한 다양하고 유익한 소식을 신속하게 알려 주고, 사람과 사람을 이어 주며, 재미있는 활동을 할 수 있게 해 주지요. 그러나 잘못 사용하면 사용자 자신과 다른 사람에게 치유할 수 없는 고통과 상처를 안겨 줄 수도 있어요. 몸에 좋은 음식도 너무 많이 먹으면 몸에 해가 되는 것과 마찬가지지요. 미디어를 지혜롭게 사용할 줄 아는 사람은 정신적으로 풍요로운 삶을 살 수 있을 뿐 아니라 다른 사람보다 앞서가는 사람이 될 수 있어요.

미디어 사용 시간의 제한

2014년 9월 미국 〈뉴욕타임스〉에 애플의 창업자 스티브 잡스에 관한 흥미로운 기사가 실렸어요. 아이폰과 아이패드를 만들면서 스마트 미디어에 새바람을 불어 넣은 잡스가 정작 자신의 아이들이 집에서 이런 스마트 기기를 사용하는 것을 엄격하게 금지했다는 내용이었어요. 잡스는 "당신의 아이들도 아이패드를 사랑하는가?"라는 기자의 질문에 "우리 애들은 사용해 본 적이 없다. 우리 부부는 아이들이 집에서 스마트 기기를 사용하는 것을 엄격하게 제한한다."라고 말했다고 해요.

미국의 유명 잡지 〈와이어드(Wired)〉에서 편집장인 크리스 앤더슨 역시 집에서 아이들이 사용하는 모든 미디어의 사용 시간을 엄격하게 제한한다고 말했어요. 〈와이어드〉는 최신 정보 통신 기술을 소개하는 잡지예요. 앤더슨은 최고의 미디어 전문가인데도 아이들이 집에서 미디어 기기를 너무 많이 사용하지 않도록 신경을 쓰고 있었던 거예요.

손가락 끝으로 가볍게 두드리는 것만으로 인터넷이라는 황홀한 세계로 들어갈 수 있게 해 주는 기계들을 만들고, 그것에 대해 연구하는 사람들이라 아이들에게도 최신 미디어 기기를 마음껏 사용하게 해 줄 줄 알았는데, 정작 아이들의 미디어 기기 사용을 엄격하게 제한한다는 걸 알고 사람들은 놀랐어요. 어린이와 청소년이 스마트 미디어에 너무 빠질 경우 좋지 않은 영향을 미칠 수 있다는 것을 최고의 전문가들이 인정한 것이기 때문이에요.

텔레비전과 스마트폰에서는 흥미진진한 프로그램과 애플리케이션, 게임이 무궁무진하게 쏟아져 하루 24시간도 부족할 지경이에요. 스마트폰이 유익하고 흥미 있기 때문에 사람들이 스마트폰을 사용하는 시간이 늘어나는 것은 당연한 일이에요. 그렇지만 스마트폰 이용 시간이 늘어날수록 좋지 않은 현상도 벌어지고 있어요. 시도 때도 없이 스마트폰을 들여다보고 있다 보면 몸과 마음을 다칠 수 있거든요.

요즘 많은 사람들이 걸어가면서도 스마트폰을 하는데, 길거리를 걸으며 스마트폰을 들여다보는 것은 무척 위험한 행동이에요. 스마트폰에 정신이 팔려 있다 보면 자신의 앞에 위험한 상황이 펼쳐지는 것을 전혀 알지 못하는 경우가 생길 수 있어요. 실제로 스마트폰을 들여다보며 걷다가 다른 사람과 부딪치거나 자전거 또는 자동차에 치여서 다치는 사람들이 늘고 있어요. 웅크린 자세로 인터넷이나 스마트폰을 오랫동안 사용한 탓에 등과 목이 구부러지는 '거북목 증후군'에 시달린다거나, 시력이 나빠지는 경우도 있고요.

스마트폰 중독도 늘고 있어요. 2016년 정부가 조사해 발표한 내용을 보면 우리나라 청소년 10명 가운데 3명이 스마트폰을 너무 많이 사용하고

포켓몬고와 스마트폰

2016년 스마트폰 애플리케이션 게임으로 등장한 '포켓몬고'는 애니메이션 〈포켓몬〉에 등장하는 괴물들을 현실에서 스마트폰으로 잡을 수 있도록 했다. 포켓몬고는 재미가 있을 뿐 아니라 새로운 포켓몬을 잡으려면 최대한 여러 곳을 걸어 다녀야 하기 때문에 운동이 부족한 사람들의 건강에 도움을 준다는 주장도 나온다. 그러나 포켓몬고에 너무 심취한 나머지 차가 오는 것을 알아차리지 못해 교통사고가 난다거나 연못에 빠지고 심지어 낭떠러지에 떨어져 죽는 사고까지 일어나면서 위험성에 대한 경고도 끊이지 않고 있다.

심하게 의존하는 경향이 있는 것으로 나타났어요. 스마트폰이 없으면 불안을 느끼거나 스마트폰 때문에 일상생활에 어려움을 겪는 중독에 빠질 위험이 있는 청소년이 10명 가운데 3명이나 된다는 것이지요.

그래서 미디어를 사용할 경우 때와 장소를 잘 정해서 지키는 것이 중요해요. 언제 스마트폰과 컴퓨터를 꺼야 하는지를 스스로 알고 지켜야 한답니다. 이렇게 하기 위해서는 먼저 내가 하루에 스마트 미디어를 얼마나 사용하고 있는지를 알아야 해요. 그 다음엔 인터넷과 스마트폰을 사용할 시간대를 정해서 지키도록 노력하는 것이 좋아요.

그렇다면 하루에 스마트폰을 얼마나 사용하는 것이 바람직할까요? 사람들마다 차이가 있기 때문에 딱히 어느 정도라고 정할 순 없어요. 하지만 여러 연구를 통해 조사된 내용을 참고하면 좋겠지요. 대한청소년정신의학회는 2014년 정신과 의사 선생님 121명에게 청소년들이 하루에 스마트폰을 얼마나 사용하는 것이 좋을지 물었어요. 주중에는 초등학생 55분, 중학생 97분, 고등학생 115분 정도가 바람직하다는 것이 정신과 의사 선생님들의 답변이었어요. 그리고 주말에는 초등학생 80분, 중학생 136분, 고등학생 158분 정도가 좋겠다고 의견이 모아졌답니다.

스마트폰을 사용하는 장소를 구분하는 것도 좋아요. 특히 전문가들은 스마트폰은 거실에서만 사용하고, 침대로는 스마트폰을 아예 가져가지 않는 것이 좋다고 말한답니다. 책상에 앉아서 공부를 할 때는 스마트폰을 아예 꺼 놓는 것이 좋아요.

신호와 소음의 구분

우리 속담에 '구슬이 서 말이어도 꿰어야 보배'라는 말이 있어요. '말'은 우리 조상들이 곡식이나 액체, 가루의 부피를 잴 때 사용했던 도구예요. 한 말이 18리터 정도이므로 서 말이면 54리터에 해당되는 양이에요. 생수 큰 병이 2리터이니까 서 말이면 2리터들이 병으로 17개나 되지요. 꽤 많은 양이라는 것을 알 수 있어요. 실제로 진주나 보석이 서 말이 쌓여 있다면 엄청날 거예요. 그렇지만 이렇게 많은 보석이 있어도 꿰어야 보배가 된다는 말은 아무리 귀한 것이라 하더라도 잘 정돈되지 않는다면 가치가 떨어진다는 뜻이에요.

스마트 미디어를 통해 우리가 접하는 정보는 마치 서 말의 구슬과도 같아요. 실제로는 서 말을 수십, 수백 번 제곱한 것보다 더 많은 양의 정보가 인터넷에 펼쳐져 있지요. 그렇지만 인터넷에 많은 정보가 널려 있어도 내가 필요로 하는 정보가 아니면 아무런 의미가 없어요. 악보에 맞춰 부드럽게 연주하는 피아노 소리는 아름다운 음악이지만 어린아이가 마구잡이로 건반을 두드려서 내는 피아노 소리는 듣기 싫은 소음에 불과한 것처럼, 내가 찾고자 하는 정보를 찾기 어렵게 만들거나 잘못된 내용을 담고 있는 정보는 방해가 될 뿐이랍니다.

따라서 스마트 미디어를 사용할 때는 내가 찾는 '신호'와 나에게 아무 쓸모도 없고 듣기 싫은 '소음'을 구분하는 법을 알아야 해요. 여러분은 장난감이나 필요한 물건을 살 때 어떤 과정을 거치나요? 한 번도 가 본 적이 없는 외국으로 여행을 갈 예정이라면 어떻게 정보를 모으면 좋을까요?

우리는 정보를 수집할 때 여러 단계를 거칩니다. 먼저 높은 산에 올라가 아래를 내려다보며 전체적인 모양새를 가늠하는 '훑어보기'가 필요해요. 이렇게 정보를 빠르게 훑어보다가 관심이 가는 내용이 나오면 한 단락 정도를 읽어 봅니다. 별로 흥미가 없거나 자신이 원했던 내용이 아니라면 전체를 계속 읽기보다는 훑어보기로 돌아가요. 다시 관심이 가는 내용이 나오면 역시 한 단락 정도를

tip
🎙️ **현대인의 고질병, 햄릿 증후군**

선택의 갈림길에서 결정을 하지 못하는 증상을 '햄릿 증후군(Hamlet Syndrome)'이라고 부른다. 식당에서 먹을 걸 고르지 못하거나, 장난감을 사고 싶은데 정작 어떤 장난감을 살지 결정을 하지 못하는 경우가 이에 해당한다. '선택 장애' 또는 '결정 장애'라고도 부르는 햄릿 증후군은 셰익스피어의 희곡 『햄릿』에서 주인공 햄릿이 자신이 할 행동을 결정하지 못하고 끝없이 고민한 것을 빗댄 말이다. 햄릿 증후군의 원인은 다양한데 개인의 성격이나 성장 배경 때문일 수 있고, 정보가 너무 많기 때문일 수도 있다. 특히 현대인은 각종 정보를 빠르게 대량으로 전달해 주는 인터넷으로 인해 여러 가지 선택을 할 때마다 어려움을 겪는 경우가 많다. 정보 과잉으로 인한 부작용인 셈이다.

읽어 봅니다. 이렇게 해서 좀 더 자세히 알아봐야겠다는 대상을 찾으면 바닷속 깊숙이 잠수를 하듯 집중해서 읽어 나가는 것이 마지막 단계예요. 연관된 다른 문서나 동영상, 사진이나 뉴스 등을 보면서 관련 지식을 확장해 나가면 이해를 더욱 높일 수 있지요.

너무 커다란 정보 덩어리가 있다면 이해 가능한 형태로 정보를 토막을 내서 접근할 수도 있어요. 인터넷 포털이나 검색 엔진의 검색 기능을 잘 활용하면 커다란 정보 덩어리를 효율적으로 토막 낼 수 있어요. 예를 들어 '우주'에 대해 단번에 이해한다는 것은 거의 불가능한 일이에요. 우주의 뜻, 우주의 역사, 우주의 크기, 우주를 구성하는 물질 등 우주에 관한 다양한 측면으로 나누고 그 안에서 다시 세분화해서 접근할 수 있어요.

마지막으로 인터넷과 스마트 미디어를 통해 뉴스와 정보를 접할 때 가장 주의해야 할 점은 종합적으로 판단하는 능력을 길러야 한다는 것이에요. 인터넷에서는 너무나 많은 정보가 쏟아지고 있어서 검색 기술을 사용할 수밖에 없어요. 그런데 이렇게 하다 보면 자칫 비슷한 정보만 반복적으로 접하게 될 수가 있어요. 전통 미디어인 신문의 경우 처음부터 끝까지 훑어가면서 읽다 보면 내가 관심을 가지지 않았던 것들을 접할 수도 있고, 내가 생각했던 것과 다른 사실을 알게 될 수도 있어요. 그런데 인터넷 검색 기술을 통해 내가 보고 싶은 정보만 접하다 보면 오히려 시야가 좁아질 위험이 있다는 것이지요. 따라서 전적으로 인터넷에만 의존하기보다는 책과 신문 등의 전통 미디어를 함께 읽으면서 종합적이고 비판적인 시각을 갖도록 노력하는 것이 좋아요.

온라인 소통의 예절

우리는 어릴 때부터 친구에게 이런 험한 말을 하면 안 된다고 배워요. 다른 사람을 대할 때는 '예절'을 지켜야 한다고 배웠지요. 그럼에도 주변 사람과 크고 작은 다툼이 생기는 것은 어쩔 수 없답니다. 하지만 단순한 말싸움 수준을 넘어서서 주먹질을 하거나 나보다 약한 사람을 놀리거나 때리고, 집단으로 따돌린다면 문제는 달라집니다. 집단 따돌림은 학교 폭력이 되니까요.

스마트 미디어는 많은 사람들과 자유롭게 소통을 할 수 있게 해 주지만, 안타깝게도 인터넷으로 접속하는 '사이버 세계'에서도 폭력이 자주 일어나요. 온라인에서 벌어지는 사이버 폭력은 인터넷 메신저나 소셜 미디어, 인터넷 게시판 등을 통해 이뤄진다는 차이가 있을 뿐 일상생활에서 벌어지는 폭력과 크게 다르지 않아요.

끊임없이 욕을 하거나 약점을 잡아 집요하게 놀리는 언어폭력, 싫다는데도 계속 말을 걸거나 내가 인터넷에 올린 말이나 사진마다 일일이 댓글을 달면서 쫓아다니는 스토킹, 사이버 명예 훼손, 따돌림, 일부러 상대방의 개인 정보를 인터넷에 알리는 행동 등이 사이버 폭력에 해당하지요.

여러분은 이미 스마트폰 등을 통해 인터넷 메신저를 사용하고 있는 경우가 많을 거예요. 인터넷 메신저로 친구와 대화할 때 장난삼아 욕을 한 적은 없나요? 때로는 단체로 대화하는 방에서 다른 친구들이 한 친구를 놀릴 때 무심코 따라서 놀린 적은 없나요? 우스꽝스러운 친구의 표정을 몰래 사진으로 찍거나, 친구의 얼굴을 우스꽝스럽게 합성해서 그 친구의 허락도 없이 올린 적은 없나요? 이런 행동은 친구에게 사이버 폭력을 가하는 것일 수 있으므로 주의해야 해요.

인터넷을 통한 소통은 상대방의 얼굴을 보지 않고도 대화를 할 수 있다는 것이 특징이에요. 나의 이름이나 얼굴을 알리지 않고 아이디나 닉네임으로 글과 사진을 올리고 대화를 할 수 있으니까요. 이처럼 나의 실제 이름과 얼굴을 가리고 의사소통을 할 수 있는 것을 '익명성'이라고 해요. 인터넷을 통한 소통은 익명성 때문에 일상생활에서는 쉽게 하지 못하는 이야기들을 전혀 모르는 사람들에게도 할 수 있게 해 주는 장점이 있어요. '내 의견은 이러한데 내가 이런 말을 하면 다른 사람들이 비웃지 않을까?'라는 생각 때문에 일상생활에선 하지 못했던 말들을 인터넷에서는 익명성이 있기 때문에 스스럼없이 할 수 있답니다.

그런데 이 익명성을 잘못 이해하고 악용하면 사이버 폭력으로 이어질 수 있어요. 우리는 인기 연예인이나 학생들이 인터넷에 올라오는 자신에 대한 좋지 않은 댓글, 즉 '악성 댓글' 때문에 큰 상처를 입고 괴로워하고 있다는 뉴스를 종종 접하게 됩니다. 상대방의 얼굴이 보이지 않고 나도 내 얼굴을 상대방에게 보이지 않는다고 해서, 상대방이

네티켓과 사이버 윤리

네티켓(netiquette)은 인터넷망을 뜻하는 네트워크(network)와 예절을 뜻하는 에티켓(etiquette)을 합친 것으로, 인터넷에서 지켜야 할 예절을 말한다. 최근엔 '사이버 윤리'라는 단어도 많이 사용된다. 예나 지금이나 일상생활에서 예절을 지키는 것이 중요하지만 인터넷 이용이 늘면서 인터넷에서도 예절을 지키는 것이 중요해졌다. 전문가들이 제시하는 네티켓이나 사이버 윤리의 원칙은 다른 사람의 인권과 명예 및 사생활을 존중하고, 비속어나 욕설을 자제하며, 자신의 아이디로 한 행동에 책임을 지고, 나의 정보를 보호하는 만큼 타인의 정보도 보호하라는 것 등이다. 불건전한 정보를 유포하거나 해킹 등 불법적인 행동을 하지 않는 것도 중요하다.

한 말이나 행동이 내 마음에 들지 않는다고 해서, 남들이 하니까 아무 생각 없이 올린 댓글은 상대방에게 잊을 수 없는 크나큰 상처가 될 수 있어요. 심한 사이버 폭력이나 명예 훼손을 저지른 사람은 벌금을 물거나 감옥에 갈 수도 있어요.

　사이버 예절을 지키는 첫걸음은 인터넷 공간도 일상생활의 공간과 같다는 점을 아는 것이에요. 일상생활에서 내가 다른 사람으로부터 좋지 않은 말을 들으면 기분이 나쁜 것처럼, 인터넷에서도 다른 사람이 나에 대해 악성 댓글을 단다면 기분이 나쁘잖아요. 일상생활에서 내가 다른 사람에 대해 좋지 않은 말을 해서는 안 되듯이, 인터넷에서도 다른 사람에게 근거 없는 거짓말을 퍼트리거나 욕을 해서는 안 된답니다. 특히 인터넷은 글이나 사진이 한번 올라오면 믿을 수 없이 빠른 속도로 퍼질 수 있기 때문에 장난삼아 올린 글이 다른 사람에게 씻을 수 없는 상처를 줄 수 있다는 것을 명심해야 해요.

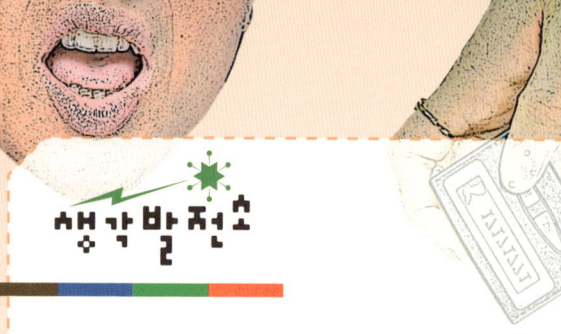

스마트폰과 청소년기의 뇌 구조

현대인은 인터넷과 스마트폰을 사용하게 되면서 인류 역사상 가장 똑똑한 사람들이 되었어요. 우리가 하루에 접하는 정보와 지식은 수백 년 전 사람들이 평생 동안 접하는 정보의 양과 맞먹을 정도지요.

하지만 인터넷과 스마트폰에 더욱 의존하게 될수록 부작용도 나타나기 시작했어요. 2011년 의학 전문지인 〈플로스원(PLOS ONE)〉에 흥미로운 논문이 실렸어요. 하루에 10시간 이상 인터넷을 사용하는 대학생과 하루 2시간 이하로 사용하는 대학생의 뇌 사진을 찍어 봤더니 차이가 발견됐다는 내용이었어요. 인터넷을 많이 사용하는 학생은 그렇지 않은 학생에 비해 뇌에서 생각을 담당하는 부분이 눈에 띄게 작았다는 것이지요.

인터넷과 스마트폰을 많이 사용하는 사람들이 겪는 '디지털 치매'도 위험한 증상이에요. 디지털 치매는 스마트폰 같은 디지털 기기에 지나치게 의존한 나머지 기억력과 계산 능력이 크게 떨어진 상태를 말합니다. 가족이나 가까운 친구의 전화번호를 기억하지 못하고, 간단한 거스름돈 계산을 못 하거나, 가까운 거리도 스마트폰의 지도 없이는 찾아가지 못하는 경우가 이에 해당하지요.

　인터넷과 스마트폰에 너무 몰입하다 보니 현실 세계에 흥미를 느끼지 못하고 다른 사람의 감정을 잘 읽지 못하는 증상을 겪기도 합니다. 미국 워싱턴 대학교의 데이비드 레비 교수는 사람들이 인터넷과 스마트폰 같은 전자기기가 가져다주는 즉각적이고 끊임없는 자극에 너무 길들여진 나머지 현실 세계에 적응하지 못하는 현상을 '팝콘 브레인'이라고 불렀어요. 팝콘 브레인에 빠진 사람은 다른 사람과 대화를 하거나 야외에 나가서 몸을 움직이기보다는 방에서 인터넷이나 게임을 하는 것을 더 좋아하고, 가족과 함께 있는 시간에도 스마트폰을 손에서 놓지 않는다고 해요.

　디지털 치매나 팝콘 브레인 현상은 어린이와 청소년에게 특히 위험해요. 두뇌가 성장하는 단계에 있는 어린이나 청소년이 인터넷과 스마트폰에 과도하게 의존하는 바람에 스스로 생각하는 능력을 키우지 못한다면 어른이 돼서 더욱 큰 어려움을 겪을 수 있으니까요.

　인터넷이나 스마트폰을 많이 사용한다고 해서 모두가 디지털 치매를 겪거나 팝콘 브레인에 빠지는 것은 아니에요. 사용해야 할 분명한 목적이 있고 필요가 있다면 인터넷을 평소보다 오래 사용한다고 해서 큰 문제가 되지 않아요. 중요한 것은 목적을 가지고 필요한 만큼만 사용하는 것이에요.

　디지털 치매나 팝콘 브레인을 피하려면 인터넷에 접속할 때 사용 시간을 미리 정하는 것이 좋아요. 인터넷이나 스마트폰을 한참 썼다면 1~2분간 창밖을 바라보며 머리를 식히는 것도 좋은 방법입니다. 야외 활동을 자주하고, 친구와 자주 대화를 나누는 것도 도움이 됩니다. 내가 스마트폰의 주인인가, 스마트폰이 나의 주인인가라는 질문을 항상 떠올려 보세요.